木暮太一

その働き方、あと何年できますか？

講談社+α《プラスアルファ》新書

JN043066

はじめに

たとえばあと10年働いて、自分に何が残るだろうか？

ぼくと同世代以上の方に会うと、「あと何年、この働き方を続けられるかな」「そろそろ本気で働き方を考えないと」というフレーズが出ます。みんなキャリアを積み上げ、会社の中ではいいポジションについていたりもします。でも、ふとした時に「求めていたのは今の働き方じゃないな」と感じているようです。

これは体力的な問題だけではありません。会社では評価されているけど、日々の仕事にそこまで熱意を持てない。生活のために働かなきゃいけないけど、自分のゴールが見えない。そんな側面を強く感じます。

世の中では、働き方がどんどん多様化していると語られている。

しかし自分の働き方を振り返ると、この数年まったく変わっていない。
しかも、この働き方を続けて10年後に何が自分に残るのかまったくわからない。
さらに言えば、いま現在も毎日の仕事に達成感も充実感も持てない。

ぼくらは子どものころから、「将来」のためにと一生懸命勉強し、社会に出てからも一生懸命働いてきました。それなのに、何も得ていない感じがします。

もっと仕事の効率性を上げればいいのでしょうか？　経済が成長すれば解決するのでしょうか？　多少はそれでごまかせるかもしれません。でも根本的な解決にはなりません。
なぜなら、これまでの仕事の延長線上には、**もう「やるべきこと」がないから**です。

「目的を失った時代」に働くあなたへ

ぼくらは成功したい、自分の望む生活を実現したいと思いながら、なかなかたどり着けずにもがいています。さらに言えば、今や自分が日々目指しているゴールにも確信を持てなくなっています。

毎日、半自動的にやっていることが確実に自分の幸福につながっていると思えれば、まだ救いはあります。しかし、ぼくらは、与えられている「ゴール」を達成しても、本当に満足できるか、自信がなくなっています。「自分は本当にこの道を進んでいいのか？」そう自問している人は多いのではないでしょうか？

ひと言で言えば、現代は「目的を失った時代」です。

かつて日本は、まさに「24時間戦えますか？」の世界でした。日本人は働き蟻と揶揄《やゆ》されるほど仕事人間で、就職してから定年を迎えるまでは家庭も顧みず企業に人生を捧げていました。

今でも長時間労働は続いていますし、労働環境の問題は残っています。労働時間の長さで考えれば多少は改善されたと感じる人もいるかもしれません。でもぼくは、状況はむしろ悪化していると感じています。

高度成長期からバブルまで、日本の会社員は超長時間労働でした。でもやるべきことがあった。道路や橋などのインフラも足りず、自動車、冷蔵庫などの日用品も不足していました。誰の目にも明らかに「社会に足りていない部分」が見えていました。だからぼくらの先輩はとにかくがむしゃらになって働くことが「できた」のです。
でも今では、その目的がどんどん小さくなっています。かつてのような「これがない」「みんながこれで困っている」という状況はなくなり、「明確なやるべきこと」が残っていない社会になってしまいました。

やるべきことがある時代の超長時間労働と、
やるべきことがない時代の長時間労働。

変な言い方ですが、むしろ昔のほうが「楽」だったのでは？　とも思うのです。
「会社にはビジョンが必要」とわざわざ言われるということは、ビジョンがない会社が多く存在しているからです。ビジョンというと少し大げさかもしれませんが、自分たちの仕事が誰の・何の目的のためにあるのか、納得感を持って理解している人はどれだけいるでしょうか？　目の前に「タスク」は山ほど転がっているけれども、何のためにそのタスクをこなすのかが抜け落ちています。

会社だけではありません。ぼくら個人で考えても目的を失ってしまっています。「勉強して、いい学校に入り、いい会社に就職して、幸せに生きることが目的」と言われるケースもありますが、では最終的なその「幸せ」とは何でしょうか？　どうなれば「幸せ」にたどり着いたと実感できるのでしょうか？

それを建て前抜きに話せる人はかなり少ないです。

ぼくらは仕事の目的だけでなく、人生の目的も見えなくなっている気がします。自分で考える力もなくなり、学校に行くべきだから・就職するべきだから、という社会常識に流されて行動している気もします。

そんな話をすると、ほぼ間違いなく教育の問題点が指摘されます。日本の教育スタイルが悪いということですね。しかも、特に日本人から強く批判されることがあります。戦後70年まったく教育システムが変わっておらず、相変わらず「画一的な正解」を出すことが目的とされている、そして言われたことを正確にこなせる「優秀な人材」を育成し続けていると言われています。

日本の教育が完璧ではないということは、ぼくも感じています。ですが、すべてを教育のせいにするのも違うかなと思うのです。というか、仮に教育が理想の状態になったとしても、問題がすべてなくなるとは到底思えません。

なぜ、日本人の生産性は低いのか?

今や、生活していく中で、明らかに不足を感じることはなくなりました。日本では電気がつくことが当たり前だし、電車は時刻どおりに来ます。スーパーに行けば食材が必ず置いてあり、電化製品もめったなことでは壊れません。

それなのに、企業の企画部では毎年毎年「新製品」の計画があります。すでに消費者が「もう十分」と思っているのに、企業は「いやいや、今年も新しいものを出しますよ」といって毎年新製品を売り込んできます。

ゼロから1を生み出すことは大変で、ものすごい労力がかかります。

しかし一方で、10000のものを10001にするのは、違う苦労があります。もはや他人から見たら区別がつかないような些細《ささい》なことに情熱を注がなければいけません。そして「どこが違うの?」「今あるやつで十分でしょ? 新しいのなんかいらない」という反応にもめげず、また来年は10002の商品を作っていかなければいけない。これって、精神的にものすごくしんどいことではないでしょうか？

この本を手にとっていただいた方の多くは、すでに頑張っている方だと思います。自分なりに努力をし、自分なりに工夫をして、自分なりにいろいろ耐えて今のあなたになっていると思います。

普通、何かを10年以上続けていれば、少なくとも初めよりは楽になっています。前より多くのことができるようになっていたり、かつてできなかったことができるようになっていたり、より短時間でできるようになっていたり。

でも「働く」ということだけは、そうなっていません。10年以上、身を削って必死に頑張っているのに自分が理想とする働き方にはなっていません。それどころか、その理想に近づいている感覚もありません。

たしかに、ひとつひとつの仕事には慣れていきます。でも働くことが簡単になっているかと言えば、そうなっていません。10年前と比べて自分がやりたいことができるようにもなっていません。

では、ぼくらは努力が足りないのでしょうか？

ぼくはそうは思いません。日本人は勤勉さを重視します。そして勤勉に頑張っていればいつかはゴールにたどり着くと思っています。そして、勤勉にすでに毎日頑張っています。努力が足りないわけではありません。しかし同時に、努力をしさえすれば目標とするものに手が届くかというと、そうも言えなくなりました。

一生懸命に走っているのに、どこにもたどり着かない。どこにもたどり着かないことがわかっているのに、また明日も一生懸命走らなければいけない。

そんな毎日を送っている人が多い気がします。

日本人は諸外国に比べて生産性が低いと言われています。ですがそれは、ぼくらの努力が足りないからではなく、ぼくらの仕事効率が悪いからでもありません。

労働生産性が低いのは、ぼくらにはもはや「やるべきこと」が残されていないからです。

さらに言えば、やるべきことがなくなったのに相変わらず同じジャンルで頑張っているからです。

もうやることがほとんどない。だから仕事をしても新しいものが生まれない。この状況で労働時間を短くすることが根本の解決になるでしょうか？　ほとんど差がない新商品を早く出すことで事態を変えられるでしょうか？

ぼくにはそうは思えません。ぼくらが持っている働き方への違和感は、かつてと性質が変わっています。そのため、これまでと同じ考え方で向き合っても何の解決にもなりません。今こそ、その真因に目を向けるべきです。なぜぼくらが働き方に悩み続けるのか、そしてどこに活路があるのか、本書で明らかにしていきます。

その働き方、あと何年できますか？／目次

はじめに　3

たとえばあと10年働いて、自分に何が残るだろうか？　3
「目的を失った時代」に働くあなたへ　4
なぜ、日本人の生産性は低いのか？　8

第1章　生産性が向上したらあなたの「給料」は上がるか？

このまま頑張れば「給料」は上がるのか？　20
「収入」が働く目的という若者が8割以上　23
ぼくらに必要なのは労働生産性でなく、自己生産性　25
3＋1を改善すれば自己生産性は上がる　29
ハワイと日本の店員の接客目的はこんなに違う　31

第2章　ぼくらが目指してきた「正解」が消えた

経済学が世の中の苦痛を取り去る役目を果たす　36
かつては生産性向上が幸せの条件　37
自由競争が経済発展のカギだったアダム・スミスの時代　40
マルクスが説いた資本主義の末路　42
諸悪の根源は「就職せざるを得ない状況」　46
自ら稼げる現代でもぼくらは企業に就職する　49

第3章　なぜ、ぼくらは「仕事の目的」を失ってしまったのか？

企業努力するほど下がっていく商品の意義と儲け　54
囚人に課す労働でいちばんきついものとは　57
ケインズの週15時間労働の予言が的中する　60
仕事のある人生が当たり前でなくなる　64

日本企業はフルタイムで働かせるために仕事をつくる　68
社内で「働いていないオジサン」いますよね？　72

第4章　なぜ、「熱意あふれる社員」の割合が5%なのか？

就活で、志望動機を本音で語りましたか？　76
「好きを仕事に」を許せない日本人の道徳観　77
「汗水たらして働く」美徳に縛られる日本人　80
大金持ちを「ズルい」とたたくネットの民　83
異動や転勤に黙って従う囚人的な就業形態　84
ぼくらの「給料」はどうやって決まるのか？　86
仕事をした実感がわかない日本の給料方式　89
金額交渉が苦手な背景に「武士道」の影響が　91

第5章　ぼくらの働き方は誰が決めるのか？
ウィル・スミスのビンタ事件が他人事にならない心理　100
人は賛同を求め、他人の目を気にする生き物　103
SNSで日本は壮大な田舎社会と化した　106
新渡戸稲造が批判した日本人の平等意識　111
いつまでも働き方を変えられない最大の理由　114
第6章　こんな時代だから、フロンティア・ニーズがある
今、目的を感じられない仕事しか残されていない　120
「やりたいこと」ができないあなた自身の理由　122
じつは「やりたいこと」も選ばされている　125
年収1000万円をお金持ちと思わせたのは誰か？　128
人目を気にして「可もなく不可もないニーズ」を語る消費者　133

お客さんの声を聴いても売れない時代　136
使えなくなったプロダクトアウト・マーケットイン発想　138
否定されていた中にフロンティア・ニーズが　140
eスポーツもかつてはフロンティア・ニーズだった　145
「Stay foolish」に自分のフロンティアがある　149
自分が嫉妬するものの中に「やりたいもの」がある　152
外野の声より自分の「譲れないもの」を思い出す　154

第7章　やりがいなき時代に「自己生産性」を上げる

「もっと頑張る」が正しい選択でないとき　158
やる気や能力の差だけで結果に差がつくのではない　159
「よかれと思ってやっている」から成果が出ない　161
「よかれと思っていること」は無自覚だから手ごわい　165
選択の9割以上は無意識の決めつけによる　167
過去の成功体験が情報の行間を読み違えさせる　171

自分を無意識に方向づける自分の言葉に注意　174

第8章　よいシナリオを持てば、今が変わる

100万円の売り上げをどう上げるか　178
「暗黙の決めつけ」で失敗したときは自分を責めない　182
「よかれと思って」逆効果だったことを洗い出す　183
ふたつの具体事例で「思い込み」が検証できる　185
ジョブズのアイディアからゴールにいたる「シナリオ」　191
複数のシナリオを他人に学び自分の武器にする　196
成功者とつきあうと、なぜ自分も成功できるのか？　200
勝者のシナリオを思い描くと失敗も乗り越えられる　204
あなたのシナリオは？　206

おわりに　209

勤勉だけが取り柄なら蟻と変わるところがない。
なんのためにせっせと働くかが問題だ。

ヘンリー・デイヴィッド・ソロー

第1章

生産性が向上したら
あなたの「給料」は上がるか？

このまま頑張れば「給料」は上がるのか？

数年前から「働き方改革」に焦点が当たっています。日本人の長時間労働はやっぱり度がすぎていますし、そもそもぼくらはそんなに仕事に時間をかける必要はないとずっと考えていました。これまで日本人は企業の要求に従って、必要性を吟味することなく長時間労働をしてきました。ここで立ち止まって考えることが大事です。

しかし同時に、世の中で言われている「働き方改革」で本当にぼくらの状況が改善するのかも立ち止まって考えなければいけない、と感じています。

ここで、あなたに改めて考えてもらいたいことがあります。

このまま企業が求める生産性を向上させれば、あなたの「給料」は上がるでしょうか？

仮に生産性を倍にできて、倍の成績を残せたとします。そのとき、あなたの給料はどれくらい増えていそうでしょうか？　倍になっていそうでしょうか？

残念ながらそうはなりません。日本企業の給料の決まり方から考えると、生産性を上げたところで、あなたの給料はほとんど上がりません（ぼくらの給料の決まり方は85ページで解説します）。

ではもうひとつ、こちらの質問はいかがでしょうか？

働き方改革が達成できたら、あなたは自分の仕事にやりがいを持てるようになりますか？

働き方を「改善」できれば、あなたの仕事のやりがいは向上して、あなたの仕事ストレスは減りますか？　もしＹｅｓであれば、この働き方改革は正しい方向に進んでいます。

しかし、そうではないのでは？　実際には、上から言われたから「改革」しようとしているだけで、自分のやりがいや仕事ストレスを改善できるかどうかすら、考えたことがない方が大半ではないでしょうか？

２０１７年に米国のギャラップ社が全世界１３００万人を対象に実施した調査では、日本企業は「熱意あふれる社員」が６％しかおらず、アメリカの32％と比べて大幅に低く、調査した１３９ヵ国中１３２位と最下位レベルでした。さらに、最近'21年の調査ではそれが５％

に下がり、「働きがい」を感じている人は諸外国と比べて低い水準をキープしたままです。

生産性を向上させろと言われますが、それをしたところで、ぼくらの給料が増えるわけでもないし、やりがいが増すわけではない。だとしたら、何のための「働き方改革」なのでしょうか？　誰のための改革なのでしょうか？

ぼくらはいつも頑張って仕事をしています。これまでもずっと頑張ってきましたし、仕事を始める前もいい仕事に就けるようにたくさん勉強をしてきました。にもかかわらず、自分で満足できる状態にいる人はかなり少ないのが現状ではないでしょうか？　もっと言えば、苦しい・しんどい状況に居続けている方がとても多いです。

その結果、ぼくらは去年と「同じところ」にずっと居続けている感覚を強く持っています。1年前、3年前、5年前の自分と比べて、今は確実に改善できていると自信を持って言えません。給料は変わらず、自分の経済状態が向上している感じがしません。仕事内容もさほど変わらず、毎日同じようなことをくり返しています。いったいなぜこういう状態になってしまっているのでしょうか？

「収入」が働く目的という若者が8割以上

「あなたはなぜ、うちの会社を志望したのですか？」

就活の面接で毎度聞かれる質問です。それだけ企業は「この会社に入る意味と目的」を知りたいのでしょう。もちろんこれも大事なことだと思います。ですが、あなたが面接官（先輩社会人）として学生にこの質問をするのであれば、あなたにも答えていただかなければいけません。

「あなたは、その会社の仕事を通じて、何を前進させたのですか？」
「あなたは、これまで働くということを通じて、自分の何を達成しましたか？」

この問いに対して、自分がこれまで担当した業務内容の説明をしても意味はありません。
あなたがその会社の一員として、その仕事を通じて社会にどのような価値を提供したのか、世の中にどう貢献したのか、なぜその仕事が必要なのかを答えなければいけません。また、その仕事を通じて、自分の生活もより充実させていなければいけません。

かく言うぼくも、かつてサラリーマンだったときは、満足な答えは出せませんでした。なぜ仕事をするのかと聞かれると、「やらなければいけないから」という答えが真っ先に出てきてしまいます。自分が何のために毎日会社に行って、毎日「仕事」をしているのか自分でも説明できませんでした。

さらに、その仕事は「本当にやらなければいけないものか」もちゃんと考えていませんでした。「これはやらなければいけない、なぜなら上司から言われたから。なぜなら、ずっとこのやり方でやっているから。なぜなら、そういうものだから」。そんな説明しかできませんでした。

ぼくらは毎日仕事をします。それは何のためかと聞かれたら、多くの方は「給料をもらうため」と答えるでしょう。実際、２０１７年度に実施された16歳から29歳までの男女１万人への内閣府の調査（就労等に関する若者の意識調査）では、実に84・６％の人が仕事をする目的を「収入を得るため」と回答しています。もちろんそれも大事なことですが、給料をもらうためだけに働いているのだとしたら、毎月の給料以外何も手に入れられなくても文句は言えなくなります。

自分の仕事人生が10年前よりも楽になっていない。しかも、自分の仕事が世の中にどう役立っているのか、世の中の何を前進させたのか自信を持って説明できない。

もしそういう状態なら、自分自身が変わらず「同じところ」にいる感覚になってしまってもいたし方ありません。

なぜぼくらは、頑張っても頑張っても達成感も満足感も得られないのか、その背景を分析し、ここから抜け出す方法を考えなければいけない時期に来ています。

ぼくらに必要なのは労働生産性でなく、自己生産性

働き方改革でよく叫ばれているのが「生産性」ですね。日本の会社員の生産性は諸外国と比べてかなり低い、だから生産性を上げろ、という話です。これだけ聞くともっともらしいですし、ぼくもサラリーマンとして企業勤めをしていた経験が9年弱ありますので、「日本人の生産性が高くない」ということも実感として持っています。

だから生産性を上げることが緊急課題と見られているわけですが、ふと考えてみると何を生産したらいいのかわかりません。自分の仕事の中で、何をしたら生産性を上げたことになるのか、明確に答えられないのです。

工場の生産ラインは、わりと考えやすいです。同じ時間でより多くの商品を作ることができたら工場の生産性が上がったことになります。また、これまでと同じだけの量をより低コストで生産できるようになっても生産性を上げたことになるでしょう。

営業職も売上金額を数字で測れるので考えやすいです。

でも経理や法務などの管理部門はどのように生産性を測ればいいのでしょうか？　より多くの伝票を処理できたら経理部の生産性は上がったということなのでしょうか？　そしてそのために、より多くの伝票を各部署に書いてもらうことが「生産性を上げること」なのでしょうか？

法務部はより多くのトラブルを解決するために、より多くのトラブルを起こしてもらうよう要請したほうがいいのでしょうか？　もちろんそんなわけはありません。

そして、ふと立ち止まって考えてみると、工場がより多くの製品を作ることが本当に求められていることに直結するとは限りません。作っても売れ残ったら意味がないですからね。

「ちょうどいい量」を超えて生産することは無意味ですし、かえって無駄な行為です。

では生産性とは何か？

「同じことを、より短時間、より低コストで生み出すこと」という見方もあります。たしかに同じことを短時間・低コストでできるようになれば、それまでよりも効率化できたと考えられるでしょう。

ただ、日本企業の場合、無駄な作業をなくして短時間で同じ仕事をすれば、労働者として生産性を上げられたことになるのかというと、これもぼくには疑問です。というのは、仮に短時間で仕事が終わったとしても、だからといって定時前に帰っていいとはならず、空いた時間に別の仕事を入れられるだけだからです。結局、次から次にふってくるタスクを早く処理しろと言われているだけに聞こえます。

生産性を上げろ・効率を上げろという号令は至極まっとうで、サラリーマンはそれに反論できません。ただし、企業が掲げる「生産性向上」は、単なるスローガンで、そもそも生産性の定義が明確にされていないし、生産性を測る指標もあやふやなケースがとても多いです。つまり、ゴールがアバウトなのです。これでは仮に生産数量を増やすことができても、同じ仕事を短時間でできるようになったとしても、本当の意味で生産性が上がったかどうかはわかりません。

さらに、そもそも論で言えば、それは企業都合の指標です。生産性を上げることは企業の目標になるかもしれませんが、それをぼくら個人が自分の目標に置き換えてはいけません。ぼくら個人が目指すものが「企業の生産性向上」であってはいけないのです。

もちろんぼくらは給料をもらっていますので、業務ミッションを達成するように頑張ることは当然必要です。しかしそれはあくまでも自分の会社員としてのミッションであり、自分自身のミッションではありません。

ぼくらが仕事をするのは、最終的には（身近にいる大事な人も含めて）自分のためです。自分のゴールが最初にあり、それを叶えるために手段として企業に就職したり、自分でビジネスをするのが本当なわけです。言われてみれば当たり前のことですが、この視点が抜け落ちている議論を頻繁に聞きます。

「働き方」の主語は、労働者です。労働者の働き方が議論されるべきなのに、個々の労働者の個人ミッションが無視され、企業の生産性を上げろ、効率化せよ、残業を減らせ、のような話に終始しています。それが労働者自身のゴールと一致していれば問題ありません。しかし、そうなってはいません。

現在の「生産性・効率性向上」を達成させたところで、自分のためにはなっていません。ぼくらは自分のための「自己生産性」を上げる、つまり自分自身が求めるもののために働くことを考えなければいけません。

3＋1を改善すれば自己生産性は上がる

自己生産性とは何か？

総じて言えば「自分が望む状態に、より近づいていくこと」ですが、ぼくはこの要素を「3＋1」に分解して考えています。これらを満たすことで、自分が望む状態を達成しやすくなると、ぼくは考えています。その要素とは、

要素1【経済状態】経済的安心感があること。収入が増えていく期待を持てる、収入が減らない安心感がある、一度ゼロに戻ったとしても再び収入を得られる確信がある。

要素2【自己存在感】 誰かに頼られていること。貢献できている実感を持て、自分の行動によって誰かに喜んでもらえている感覚を肌で感じることができる。

要素3【回避能力】 自分が嫌いなものを避けられること。思い出すだけで憂鬱になるようなことをやめること、もしくは減らすことが自分の意志でできるようになる。

この3つの要素を改善させていくことが、自己生産性を上げることだとぼくは定義しています。

そのうえで、この3要素に加えてもう1要素「**選択肢を持つ**」ことが大事です。人は選択肢がなくなると、途端に弱くなります。そして自分が持っている唯一の選択肢にしがみつくようになります。他に選択肢がないと「このチャンスを逃したら次はない」「この会社を辞めたら行くところがない」のように考えてしまい、今の環境に隷属することになります。

そして仮にそれまでの人生に満足していても、外部環境と前提条件が変わると、いきなりうまくいかなくなり、強いストレスを感じるようになります。

経済状態、自己存在感、回避能力の3つがぼくらの前提を作ります。そして、ぼくらを強くするのは+1の「選択肢」です。

業務ミッションとしては仕事の効率を上げることは大事です。しかし、個人の人生としてはそれよりも重視すべきポイントがあるはずです。「経済状態を改善させられているか」「自己存在感をより認識できているか」「回避能力が身についてきたか」、そして「他の選択肢を用意できているか」です。

ぼくには今の働き方改革を進めることで個人が幸せになれるとは到底思えません。ぼくらが意識すべき指標は労働生産性ではなく、この「自己生産性」であるべきです。

ハワイと日本の店員の接客目的はこんなに違う

ふと、振り返ってみると、ぼくらは何のために日々エネルギーを使って働いているのかよくわからなくなることがあります。

「会社から言われた仕事を単にこなすだけでなく、自分の将来のために仕事をしよう」。そう言われて全面否定する人は少ないと思います。しかし、「会社から言われた生産性ではなく、自分のための生産性を上げよう」と意識している方はほとんどいません。それは、ぼくらは日々の仕事で、また日々の生活の中で、目的を失いかけているからです。

ぼくはハワイが好きで、ハワイ島にも家を持ち、年に数回、滞在しています。ハワイにいると日々感じることがあります。それは店員さんの「態度」です。

ハワイのスーパーマーケットにも、レジ打ちの店員さんがいます。しかし彼らは「店員」っぽくありません。鼻歌を歌い、同僚同士で談笑をしながらレジを打ちます。ときにはお客さんもそこに交じって談笑します。日本ではあまり見ない光景ですね。

なぜハワイと日本でこの違いが出るのでしょうか？　気候的、文化的な背景もあると思います。でもぼくは店員さんの声かけ、その声かけからくるマインドに注目しています。

ハワイに限らず、英語圏ではお客さんに対して「May I help you?」と声をかけます。言葉として捉えると、「お手伝いしましょうか？」です。一方で日本では「いらっしゃいませ」ですね。

ハワイでは店員さんは「お客さんを手助けするため」にそこにいます。日本では「お客さんに来てほしいから」そこにいる。

ハワイでは、お客さんの目的をサポートするためにスタッフがいる。日本では、お客さんがお金をくれる存在で、そのお金をくれる人と接するために（接客するために）そこにいる。だから「いらっしゃいませ（ようこそうちに来てくれました）」なのです。

ハワイでは、目的が明確で、「どんなことをしたい？　私に何か手伝えることがある？」と聞いている感じであるのに対し、日本は「接することが目的」、しいて言えば「いい気分になってもらうことが目的」になっている感じがします。

ハワイのスタバに、モヒカン頭で顔中ピアスだらけの店員さんがいました。パンクロッカーな感じです。日本のスタバではまず採用面接で落ちるであろう彼女は、ハワイのスタバで、笑顔で働いていました。日本にそんな見かけの店員さんがいたらかなりびっくりします。でも本来、ぼくらはスタバにコーヒーを飲みに行っているだけで、もしくはその場の時間を求めて行っているだけで、店員さんの見た目は関係ないはずです。

そしてハワイのスタバでは「おいしいコーヒーと、〝サードプレイス〟を提供するのが目的だから、モヒカンでも顔中ピアスでも問題ない」ということです。

つまり、目的が明確で、それを達成させるために人がいるわけです。

一方で日本では目的は不明確です。強いてあげるとしたら、「必要とされること全部」かもしれません。たしかに、お客さんが必要としていることをいろいろ察してやってあげるほうが「親切」なのかもしれません。それが日本のおもてなしかもしれません。でも全部大事と言われたら、ぼくらが何を提供するためにそこにいるのか、わからなくなってしまいます。

これまで人は、多くの悩み、多くの課題を抱えてきました。また近年、特に幸せになることと働くことは切っても切れない関係にあり、多くの社会課題・労働課題を幸せになるために解決しようと頑張ってきました。ですが、かつて有効だったさまざまな理論は、今ぼくらが直面している課題の処方箋にはなっていません。これまでの考え方が通用しない課題をぼくらは抱えているのです。

では、これまでの考え方と現状がどうズレているのか、なぜこれまでの処方箋が通用しなくなったのか、それを次章で確認していきます。

第2章

ぼくらが目指してきた「正解」が消えた

経済学が世の中の苦痛を取り去る役目を果たす

歴史的にも、ぼくらはこれまで「経済的課題（働くこと・稼ぐこと・生きること）」を多く抱えてきました。そしてそれらに対処しようと経済学が生まれ、経済学の理論でぼくらの課題に向き合ってきました。

経済学と聞くと、お金を稼ぐための理論とイメージされることがあります。でも経済学は個人のお金儲けのための理論ではありません。そもそも経済という言葉には、「お金」という意味はなく、「経世済民（世の中を治め、民衆を苦しみから救済すること）」から来ています。そして経済学は、どうすればそれができるかの理論を示しています。

経済学の理論に従って行動していけば、世の中から苦痛がなくなるということです。実際、資本主義経済が成立して以来、経済学の理論にもとづいてさまざまな政策が行われてきました。過去には世界大恐慌時のニューディール政策、また最近のアベノミクスなどの政策も経済学の理論をもとに考えられています。

しかし、現代では「経済学がぼくらの幸せを叶えてくれる」と言われてもピンときません。そして現実的に経済学が研究されても、ぼくらの幸福度が上がっているようには思いません。

では経済学は間違っていたのでしょうか？　もしくはもう意味がなくなってしまったのでしょうか？

ぼくは少し違うと感じています。経済学は正しかった。でも前提条件が変わった。だからかつての経済学理論を当てはめて考えられる部分と考えられない部分が出てきてしまった。ぼくはそう考えています。

では、一体どこがズレてしまったのか、そもそも経済学が前提としていた状況はどんなものだったのか、それを確認しておきましょう。

かつては生産性向上が幸せの条件

経済学の父と呼ばれるアダム・スミス（１７２３—'90年）は、「神の見えざる手」という言葉で有名な人物です。彼は世の中の生産性を上げて、より多くのモノを生み出すための理論を構築しました。

彼が生きていた時代背景を少し解説しておきます。

まず、スミスの時代は圧倒的に「モノ不足」の時代です。人口の10％は満足に食べることもできなかったと言われ、何もかもが足りていない時代でした。戦争も多く、正常な経済状態ではありませんでした。それなのに、当時採用されていた政策（「重商主義」という国策）では、「商品をできるだけ海外に輸出して、海外からできるだけ金銀を集めよう。それこそが国が富む道である」と考えられていました。

ただでさえ戦乱時でモノが足りないのに、さらにそれを海外に輸出して「カネ」を集めようとしていました。食べるものがないのに、お金をかき集めて「お金持ち」になって喜んでいたわけです。スミスは、国民が餓死しているのにお金を集めている場合じゃないだろ、と「富」を再定義し、富を増やす方法を語ったのでした。

このとき、スミスは「富」とは、金銀財宝ではなく、人々が使い、人々の生活を豊かにする必需品や日用品のことだとしました。現代に置き換えて考えると「お金を持っていても意味がない。ぼくらが使うモノ・欲しいモノを手にしなければ意味がない」というイメージです。

そしてそんな時代では、生産量を増やすことがとにかく大事でした。より多くのモノを作らなければいけないので、生産性を上げるために何をすべきかをスミスは考えていたわけですね。

スミスが書いた『国富論』には、その必要なモノを作るためにどうすればいいかの理論がまとめられています。

『国富論』に書かれているロジックをかなり要約して説明すると、こんな感じになります。

> 人間に必要な「富」とは、人が使うモノ（食料や必需品、日用品）である。
>
> でもモノが足りない。もっと生産するために分業をしよう。
>
> 仕事を分ければ、それぞれの業務はより単純になるので、労働者はより早くその仕事に慣れるし、その工程を行う生産機械も作りやすく、ますます効率化が図れる。
>
> ただ、分業を進めるためには自由に取引できることが不可欠。だから規制などはするな。
>
> 各自が「利己的」に行動することで、足りないモノは増産され、余っているモノは自然と減産されるから、「神の見えざる手」に任せておけば大丈夫。

これがスミスの『国富論』に書かれているロジックです。

自由競争が経済発展のカギだったアダム・スミスの時代

アダム・スミスは、「分業」をとても重視しています。分業することで、同じモノを生産するのでも圧倒的に短時間でできるようになります。今では当たり前のことですが、当時は画期的な考え方でした。

そして、大事なのはここからです。

スミスは、人々が仕事を分業できるための前提条件を「自由な市場があること」と考えていました。自分が生産したモノを、他の誰かと自由に交換できると思っているから分業もできる、とスミスは考えたわけです。

たしかに、他の人と取引ができない場合は、自分が商品の一部を作っても意味がありません。たとえば「私は自動車のタイヤだけを作る」と分業ができるのは、作ったタイヤを他のモノと交換できるという確信と安心感があるからです。タイヤを作ってもそれを交換できない、売れないとしたら、自動車全部をひとりで完成させなければいけなくなります。

また自由に取引できる場があれば、余剰商品は売れ残り、値段が安くなり、儲からなくなります。だからそれを作っている人は生産量を減らします。逆に足りない商品があれば、他の人がそれを察知し、「自分もその足りない商品を作ろう。そうすればもっと儲かる」と考え、生産量が増えていきます。

他人のことを考えなくても、自分の利益を考えていればいい。そうすることで、自然に経済は「ちょうどいいところ」でバランスがとれていく。それが有名な「神の見えざる手」の理論です。

個々人が自由に経済活動を行えば、自動的に国全体の経済が整う。スミスに始まった経済学（古典派経済学）では、長らくこの考え方が取り入れられてきました。もしこれが正しいとすると、ぼくらが自分自身の利益のことを考えるだけで社会全体としてうまくまとまるはずですね。

しかし、それならぼくらは自分の自由意思で仕事やそのほかの活動を決められるはずなのに、現実社会を見ると、経済がうまく回っているようには思えません。日本は失われた30年とも言われる超低成長が続いています。

なぜ自由競争できる時代なのに、経済がうまく回っていかないのか。それは、スミスの時代と現代で前提が変わったからです。スミスが「神の見えざる手」の理論を説いたときと現代では事情が変わっている。そのため、神の見えざる手の効力が弱まり、理論どおりにいかなくなっています。

では別の経済学理論はどうでしょうか？　次に『資本論』の理論に着目します。

マルクスが説いた資本主義の末路

かつて、『資本論』を書いたカール・マルクス（１８１８―'83年）は、資本主義経済の問題点を指摘しました。資本主義経済では、企業が頑張れば頑張るほど、自分たちの首を絞めていき、やがては恐慌が起こる。そして、弱い企業は淘汰されていくと語っていました。そして「この流れは必然で、避けられない」とも語っています。

マルクスの時代は、一言で言うと「雇い主が暴走し、労働者に超過酷労働を強いた時代」でした。資本主義経済が未発達のときは、「自分で自由に働き、自由に稼いでいい。稼いだモノは自分のモノになる。もっと稼ぎたければ、もっと働けばいい」という感じでした。いくら稼ごうがそれは本人の自由で、それに関してはマルクスは問題視していません。

しかし、経済が発達し、規模が大きくなるにつれ、生産設備も大規模なものになっていきます。そして、その設備を持っている側（資本家）と持っていない側（労働者）に分かれるようになります。

こうなると「自由に稼いでいい」の意味が変わってきます。自分が体を動かして稼ぐのとは異なり、自分が持っている設備やお金を使って自由に稼いでいいとなると、それは「自分の資本を最大限に活用して、労働者を最大限にこき使っていい」という意味にもなり得ます。

このときの労働者は奴隷とは違い、「自由」に資本家と雇用契約を結んで働いていました。もちろん自ら積極的に望んでいたわけではないですが、名目上はおたがいの自由意思で対等な契約です。だから労働者は文句が言えません。資本家は合意のもとで搾取ができていたわけです。

『資本論』はこのような社会環境の中で書かれました。ただし、マルクスは資本主義を単にたたきたかったわけではなく、「このイケてない経済は、やがて必ず終わりを迎える。その理屈を説明しよう」という感じで、資本主義は必然的に崩壊するという理屈を語りました。

簡単に説明すると、

「資本主義経済では、各企業が競争するため、商品の利幅が小さくなり『薄利多売』傾向になる。世の中には商品があふれ、いつの日か売れなくなる。そして経済が崩壊する」という理屈です。

流れを簡単に示すと、こうなります。

企業はライバルに勝とうと生産性を上げようとする

←　生産性を上げる過程で機械化される←　必要な労働者が減りクビになる人が増える

←　どの企業も機械化し大量生産する←　どの企業も労働者が減り商品を買える人が減る

←　商品はどんどん大量生産されるが、←　それを買える労働者がどんどん減っていく

業種を問わず供給過剰になり、商品が売れなくなる
←
多くの企業が倒産に追い込まれる

こんな道筋です。

マルクスは、資本主義経済では、利益を求めていく過程で、より効率的な生産スタイルが広まっていき、その商品の相場が崩れると考えていました。そして、相場が崩れることで、企業の利幅は薄くなっていくと説明しています。


これは現代に当てはめても納得感がある説明だと思います。

ある商品の製造ラインが大規模に機械化されると、その商品が出たときは付加価値の高かったものが一気に一般的になる、つまりコモディティ化します。そして別の企業も安価に同種の商品を提供してきます。１００円ショップに並んでいる商品を見ると、決して安っぽくは見えないものがたくさんありますね。なんでこれを１００円で売れるのかが不思議な商品も少なくありません。

消費者としてはとてもうれしいことですが、同時にこの100円ショップの商品は、売れてもそれほど利益が出ないということは、イメージできます。ライバルが多く参入してきて、一気に機械化された商品は、生産コストが安くなるため、相場がガクンと下がり、薄利多売になっていきます。

資本主義経済においては、各自が自由に競争することでいろんなモノが薄利多売の傾向になっていきます。他社がまねできないようなブランドを持っている企業は、この薄利多売の呪縛からは逃れられます。しかしそうでなければ、ほぼ例外なく「頑張れば頑張るほど、どんどん薄利多売」にせざるを得なくなっていく状況は変わりません。

諸悪の根源は「就職せざるを得ない状況」

マルクスは、各自が自由にしていれば人々が幸せになれるとは考えていませんでした。つまり、「神の見えざる手」ではうまくいかないと考えていたわけです。

自由にした結果、資本家が機械や工場などの生産設備を独占してしまった、そして生産手段を持たない人は労働者として資本家のもとでこき使われるしかなくなった、とマルクスは問題視しています。

労働者は資本家から足元を見られて、半ば強制的に搾取されている、誰の目からも労働者は超ヘビー労働を課せられていて、虐げられていることは明らかでした。労働規制などほぼないに等しい時代だったので、資本家は「自由に」労働者から搾取できました。

問題は、過酷な環境だとわかっていても労働者が労働者にならざるを得ない状況です。ここを何とかしなければいけないとマルクスは考えました。

労働者から抜け出せない状況の説明として、「労働者になる（なってしまう）ためのふたつの条件」をマルクスはあげています。

1．身分が自由で、誰かの奴隷になっていない。
2．生産手段を持たず、「就職」するしかない。

このふたつの条件下にいる人が労働者になるとマルクスは説明しています。誰かの奴隷になっていたら自由に就職できないので、その人は労働者にはなれません。これは単純な理屈ですね。

大事なのは「生産手段を持たないから就職するしかない」という点です。マルクスが活動していたのは、いわゆる産業革命期の後半以降です。イメージ的には、大規模な工場で多くの労働者が働いているような感じです。そのような大規模な工場を個人で持てるわけはなく、生きていくためには資本家のもとに就職するしかないという状況が想定されています。

マルクスの考えでは、労働者は重労働を課せられ過酷な環境に置かれてしまっても、そこから逃れることができません。そして、**労働者が労働者になってしまうのは、生産手段を持っていないから**だと分析しました。要は、価値を生み出しビジネスをするためには、そもそも大規模な生産設備が必要で、それを持たないものは仕方なく労働者として資本家に服従しなければならないということです。

たしかにその時代に資本家と同じような生産設備をゼロから用意するのはかなり困難だったと思います。だから労働者として就職しないとお金を稼げなかった、生きていかれなかったという状況もイメージできます。どんなに悪条件を提示されても、そこで働くしか生きる道がないとしたら、搾取されているとわかっていてもその仕事を続けます。

でも、現代ではその状況は変わっています。すでにマルクスの時代とは前提条件が大きく変わっていて、「企業に就職するしか生きる道がない」という人はほとんどいなくなりました。しかし、ぼくらは変わらず企業に就職し、自らしんどい状況に身を置いています。

自ら稼げる現代でもぼくらは企業に就職する

スミスは、もっと富を増産しなければならない、各自が利己的に行動していけば、ぼくらの生活はよくなると説きました。

マルクスは、資本家が生産設備を独占しているのが悪い、それをなくし、資本家からの搾取構造をなくさなければいけないと説きました。

しかし、彼らが問題視していた社会的なマイナス条件は現代では解決済みです。ぼくらはスミスが目指した環境をすでに手にしています。自分の仕事はもちろん、自分が何をするか自分で考えて自由に選べる社会にいます。

スミスが言う「各自が利己的に活動していけば」という点で言えば、憲法でも第22条に「職業選択の自由」が掲げられていますし、学生のうちから自分がやりたいビジネスを立ち上げる人も実際にいます。

国や地域が規制を課してビジネスを制限することはあります。でもそれは社会のルールを守るためのもので、お上があなたに「〇〇という商品を、年間〇〇個作りなさい」と指示してくることはありません。ぼくらは利己的に活動できる社会に生きています。

そして、ぼくらはマルクスが言う資本家からの搾取は受けずに済むはずの世の中にいます。お金を稼ぐために、巨大な生産設備が必要な時代ではありませんし、多額のお金も必要ありません。実際、ぼくがやっているビジネスに必要なものはパソコンとネット環境だけです。

つまりぼくらはもう、労働者として勤務する必要はなく、自分で価値を生み出し、自分でお金を稼いでいける環境にあります。にもかかわらず、ぼくらは進んで企業に就職し、進んで「労働者」になっています。マルクスが指摘したような超過酷労働を強いられている人はかなり減りましたが、それでも会社のために自分を犠牲にしている人は依然として多いです。

もちろん企業に就職するということが悪いわけではありません。何かを学ぶために企業に就職したり、自分がやりたいことのためにその「船」に乗るということであれば、まったく問題ないでしょう。

そもそも企業は英語で「カンパニー」です。そしてカンパニーとは「仲間」のことです。同じ目的を持った人たちが一緒にカンパニーになり、カンパニーをつくっているわけですね。その会社とカンパニーになりたければ、そこに加わればいいし、そうでなければ入らなければいい。本来は単純な話のはずです。

ただ、ぼくらが就職をするときは、バイト先や大学のサークルを選ぶときとはずいぶん違う意識になっていますね。その企業の活動を見て「それ、すごく楽しそうだから、私も交ぜて！」という感覚で就職している人はかなり少ないですし、「ちょっと自分がやりたいことが変わってきたから、別の会社に行こーっと」と気軽に転職をする人も割合で見たら少数派です。

最近はだいぶ変わりましたが、以前は終身雇用が当たり前でしたし、日本では「就職というより就社」と言われることもあります。その職に就くのではなく、その会社の一員になるという意味合いでしょう。それくらい、ぼくらは就職をするときに、自分のやりたいことを始めるというよりは、自分の人生を捧げる感覚に近いものを持っています。

ぼくらは自由に道を選ぶことができる。もはや大企業の資本に頼らずとも価値を生み出せるしお金を稼げる環境にある。にもかかわらず、就職し続けます。

しかも、就職先を選ぶときは、会社の知名度や安定性が重視されることも多く、自分を一生養ってくれるかどうかという目線を少なからず持っている人は割と多いです。


スミスやマルクスが理論を構築した時代からは明らかに前提条件が変わっています。そのため、ぼくらが働くうえ、生きるうえで、従うべき指針が変わってしまいました。過去の指針のとおりに動けない事情が発生しています。また仮に指針のとおりに動いたとしても、目指していたところにはたどり着けない環境に変わっています。

ぼくらはまず、この変わってしまった前提条件について知らなければいけません。そして新しい環境に対応して、自分の意思決定をしていく必要があります。結論から言うと、ぼくらが毎日頑張っているのに、それほど自己満足感を得られない理由がありました。その大きな理由のひとつが「**目的の消滅**」です。

第3章

なぜ、ぼくらは「仕事の目的」を失ってしまったのか？

企業努力するほど下がっていく商品の意義と儲け

資本主義経済においては各企業が競争し、より自社の利益を増やそうとすることで、結果的に商品が安く提供されていきます。消費者にとってはメリットが大きい仕組みですが、企業にとっては、競争に勝つために自社の利幅を減らしたり、自社がさらに頑張らなければいけなくなる、なかなかしんどい環境でもあります。

しかも、今になって気づくのが、各企業の競争によって削られていくのは「利幅」だけではなかったということです。利幅とともに重要なものが削られてきました。

それは「商品の意義」です。

ざっくり言って利幅は「消費者が感じる商品の意義」の大きさを表すことになります。消費者が「高い金額を払っても買いたい、この金額を払う意義・意味がある」と思っていれば、利幅は大きくとれます。利幅が小さくなってくるということは、「その商品にそれほど大きな意義・意味を感じない」「今持っているもので間に合うので、大金を払ってまで新しい商品を買おうとは思わない」ということでもあります。利幅と同時に、この「商品の意義」がどんどん小さくなっています。

ぼくらが作る商品は、もはや消費者に対して新しい意義を提示できなくなっている。そう感じることはありませんか？

経済学には「限界効用逓減の法則」というものがあります。これは「同じことをやっても得られる満足感はどんどん減っていく」ということを示しています。

よく用いられるのが「1杯目のビールと10杯目のビール」の話です。同じビールなのに明らかに1杯目のほうがおいしいし、満足感があります。そして、2杯目、3杯目と飲んでいくうちに、どんどん「1杯当たりの満足感」は減っていきます。これが限界効用逓減の法則です。同じことをくり返していると、だんだん満足感は減っていくのです。

そしてこれはビールだけに当てはまることではなく、どんな商品でも同じことが起きます。最初の商品で感じてもらえた満足感と、100番目の新商品で感じてもらえる満足感を比べると、それがよくわかります。

ゲーム機でも携帯電話でも、初号機が発売されたときのインパクトと感動はすごいですね。でもそれを改良し、バージョンアップして出された2号機は、初号機ほどのインパクトがなくなっています。もちろん初号機より性能がいいはずですが、消費者から見た「商品の意義」は減っています。たとえば初号機は50点の満足感、2号機は57点の満足感だったとします。2号機のほうが点数は高いのに、「プラスで得られる満足感」は「7点」のみです。2号機のほうがいいけれど、1号機を持っている人からしたら、7点の差を得るための商品になってしまいます。

そしてこの点数は、どんどん減っていきます。3号機は63点（2号機と比べてプラス6点）、4号機は67点（プラス4点）……という具合になります。

となると、99号機と100号機の差は「0・01点」くらいになっているかもしれません。**ぼくらは競い合っていい商品を出そうとしています。でもその工夫と努力をすることで、ぼくらがこれからできることがどんどん減っていきます。**

資本主義経済では、常にライバル同士が「さらに上」を目指して競争していきます。競争するのはコスト削減や生産体制だけではなく、商品の機能やエンタメ性なども含まれます。この機能競争やエンタメ競争が行きつくところまで行ってしまい、もはや差がつかなくなっています。新しい商品を生み出そうにも、どこに差をつけていいかわからない時代になっています。

戦後の焼け野原から復興を目指し、追いつけ・追い越せで日本は頑張ってきました。そのとき、一年間必死に働くことで多くの変化が実感できたと思います。もちろん多くの苦労があったはずです。でも同時に自分たちがやっていることの成果も大きく感じられたと推測できます。

しかし現代ではどうでしょうか？　もはや焼け野原はありません。これから造るべき道路も橋ももうありません。高度成長期に3Cと言われたカラーテレビ、クーラー、自動車も今ではあって当たり前の商品になっています。

ぼくらはそんな時代にタスクを与えられ続けています。

囚人に課す労働でいちばんきついものとは

めちゃくちゃ汚れている部屋を掃除するとしましょう。初日に頑張っていろいろ作業していくと、少し片付き、きれいになってきたことが目に見えてわかりますね。2日目も頑張り、またきれいになります。3日目、もうだいたい目につくところはきれいになりました。

これを4日、5日……100日と続けてみてください。100日目にやる作業はほとんど成果を感じられないのではないでしょうか？　もはや、することがありません。現代は「きれいにするところがない」時代なのです。

ふと自分の周りを見渡してみると、多くのビジネス、多くの仕事がこれと同じ状態にあることに気づきます。**もはや「やるべきこと」はやりつくされていて、これからさらにどこを磨けばいいのか誰にもわからない状態になっています。**それなのにその状態から、100日目の掃除にとりかからなければならない。場合によっては1000日目、1万日目の掃除かもしれません。

もうやることは何もないのに、やってもやらなくても本当は誰にもわからないのに、仕事をしなければいけません。しかし自己啓発書を開くと「すべては自分次第。やりがいを持とう」と書かれています。

1万日目の掃除に対して、どうやったらやりがいを持てるのかと言いたくなるでしょう。ぼくもそう感じます。現代は、掃除しつくされた部屋を前にして「仕事の意義」と「自己実現」を無理やり語らされている社会とも言えると思います。

「掃除しつくされた社会」で、ぼくらはやりがいを見つけることを迫られているわけですね。どんな仕事でも興味を持ってやれと言われるし、自分の仕事にプライドを持っていないと非難されたりもします。

でも、仕事に興味を持てないのは、ある意味当然なのです。目的がものすごく薄くなっている中で、「追いつけ・追い越せ」の時代と同じように目的を持てと言われても、無理があります。何をしても役に立っている感が小さいし、それでも「さらに上を目指せ」と言われ続けます。一体何をしていいのか途方に暮れてしまいます。こんな状態で仕事を好きになれるほうがめずらしいです。

ぼくらは生活者として恵まれています。生活環境や安全性という意味では、間違いなく過去の日本より恵まれています。でも一方で労働者としては必ずしもそうは言えないというのがぼくの考えです。

囚人に課す労働でいちばんきついものは、ただ穴を掘り、その掘った穴をまた埋めるだけの作業のような「まったく意味がない仕事」と言われます。囚人はそれが罰則だとわかっていても、続けるのがしんどくなり、精神を病んでしまうこともあるそうです。

ぼくは率直に言って、サラリーマンには向いていませんでした。大企業に勤め、たくさんのいい仲間に恵まれましたが、普段の仕事に意義を感じられない時期が長かったのも事実です。

同じような感情を抱いている方も多いのではないでしょうか？　そして、「これは仕事だから仕方ない」「働かないと給料をもらえないから」と、割りきって会社に行っている人も多いのではないでしょうか？　もちろん「仕事なので働かなければいけない」のはそのとおりです。でも、だからといって今の状況が続いていいとは思ってないですよね。

ケインズの週15時間労働の予言が的中する

ここで、ケインズが１９３０年に発表した、ある指摘に注目します。

経済学者のケインズは、いわゆる「マクロ経済学」を打ち立てた経済学者として有名です。それまでの経済学では、「モノは作った分だけ売れる」とされていました。１００個作ったら１００個、２００個作ったら最終的には２００個売れると理論上考えられていたのです。どういうことか説明しますね。

昔も実際にはモノが売れ残ることはありました。でも、もし売れなくても、売れ残りが解消するレベルまで価格が下がっていくと考えられていました。値段がどんどん下がれば、やがて買ってくれる人が現れるということですね。だから売れ残りは発生しない、という理屈なのです。これがケインズ以前の「古典派経済学」で主流となっていた考え方です。

この理屈は、モノ不足の時代には通用します。価格を下げれば買える人が増えていずれは全部売れる、というのも、常に需要を満たせていない、モノ不足の時代であれば理解はできます。

しかし事情は変わりました。20世紀は、「価格さえ下げればすべて売れる」という状況ではなかったのです。

第一次世界大戦で戦場にならなかったアメリカは、工場が破壊されたヨーロッパ諸国に向けて大量に商品を輸出し、世界経済の中心になりました。しかし、ヨーロッパ経済が回復するにつれて、輸出が減り、アメリカ国内でもモノ余りが発生するようになりました。そしてさらに、そのときに起きた世界大恐慌（１９２９年）では、価格が下がっていったのにもかかわらずモノが売れないという需要不足が顕著になりました。

ここでケインズは、不況時には市場に任せているだけでは経済は回復せず、「政府が政策を通じて需要を増やすことが不可欠」と説きました。それまでの経済学の考え方を覆して新しい理論を立ち上げたわけです。「ケインズ革命」と呼ばれているほどのインパクトがあり、現代ではケインズは新しい経済学をつくった人として名前が残っています。

ただ、ここでは彼がつくった新しい経済学理論ではなく、彼の別の視点を紹介します。

彼が従来の経済学を否定した背景と重なりますが、このときすでに社会はモノ不足から脱しつつありました。つまり、作っても売れない時代に突入していたのです。商品が余り始めたわけで、言い方を変えると、「労働力が余り始めた（労働者がやる仕事がなくなってきた）」とも言えます。

そしてケインズは、このままいけば経済の発展によって、やがて人間はそれほどやるべき仕事がなくなると指摘していました。具体的には、週15時間くらい働けば十分な世の中になると語ったのです。

ケインズが言うところの「やがて」は、2030年頃を指しています。2030年くらいの世界では、ほとんど経済的な問題は解決されているだろう、そしてそうなると人間は「やることがなくなるだろうと書いていたのです。

世界を見渡せばまだまだ経済的な問題を抱えている国はあります。でも、日本においてはかなりの部分で解決されてきたと考えていいでしょう。日本の状況を考えるならば、ケインズの予言はほぼ当たっています。

さらにこれから、ＡＩの進歩によって無人化が進んでいくことは間違いありません。「ＡＩに仕事を奪われる！」という脅迫めいたことを言う人もいますが、それだけ人間がやらなくていい仕事がどんどん増えていくということです。ケインズが言ったとおり、「やることがない社会」になっていくのです。

人間社会が発展するために足かせとなるのは「食糧」だと指摘されることがあります。人口は爆発的に増えていくのに対し、食糧がそこまで増えない。だから食べられない人が増えてしまい、人口は食糧の量によって抑制されるという理屈です。ですが、日本において食糧不足は今のところ大きな問題になっていません。むしろ、毎日大量の食べ物が廃棄されていることのほうが、問題視されています。

ぼくらに今足りないのは食糧ではなく、別のものでした。それが「仕事」です。ぼくらが生きていくための「仕事」が不足していますし、これからもっともっと足りなくなっていきます。機械化、ＡＩ化はますます進んでいきますので、この流れをとめることはもはや不可能です。ぼくらの仕事はどんどんなくなっていくのです。

ケインズの指摘を見て、どう思われたでしょうか？

もしかしたら、早くそんな世界が来てほしいと感じた方もいるかもしれません。かつてのぼくもそう感じていたひとりです。しかし実際には仕事がなくなる世界はそんなにいいものではありません。

仕事のある人生が当たり前でなくなる

かつて、自分の仕事がなくなって困るのは「収入がなくなって、食べていかれなくなるから」でした。フルタイムの仕事がなく、一日のうち少しの時間しか働かないと、収入がそれだけ減ってしまいます。だから仕事が欲しかった。

でも、これからは違います。ぼくらが生きていくために必要な食糧や、生活に欠かせないものを作る作業は機械やＡＩが大部分を肩代わりし、人が生きていくうえでは、もはやそんなに仕事をする必要はなくなっています。

これからぼくらに仕事が必要な理由は、仕事をすることによってぼくらが「人間」として生きていかれるからです。人として尊厳を持って生きるために仕事が必要なのです。

ケインズは「人は仕事をしていないと不幸になってしまう」という指摘をしていました。「100年後には経済的な問題は解決するだろう。でも仕事（やるべきこと）がなくなってしまうとみんな不幸になってしまう、これは大変なことだ」とケインズは1930年の論文に書いています。

仕事をしなくてよくなることがなぜ不幸なのか、疑問に感じる人も多いかもしれません。日本でも近年、「FIRE（経済的に自立して、若くして引退すること）」がバズワードになっていますし、できることなら早く仕事を辞めたいと願う人は年々増えていると感じています。しかし同時に、長年企業勤めをした人が、引退後に何もすることがなくなって体調を崩したり、メンタルを病んでしまったりしている実情も忘れてはいけません。

ケインズは、

「人はみな長年にわたって、懸命に努力するようしつけられてきたのであり、楽しむようには育てられていない。とくに才能があるわけではない平凡な人間にとって、暇な時間をどう

使うのかは恐ろしい問題である」（『ケインズ説得論集』山岡洋一・訳、日経ビジネス人文庫）

と述べています。

表現の仕方はともかく、自分の自由時間を楽しむ力量がなければ、暇な時間は単なる苦痛になります。毎日やることがない、毎日だらだらするしかない、社会と切り離された感じがして、自分の存在意義を感じられない。そう思うようになっても不思議ではありません。なお、やるべき仕事がなくなるというのは、大富豪になって引退し、何でも自分がやりたいことができるという意味ではありません。お金はそれほどない、でもやることがないので暇な時間はたくさんある、そんな状態です。

ぼく自身も、「これからずっと仕事をしてはいけない」と言われたらものすごいストレスを感じると思います。運よく没頭できる趣味が見つかればいいですが、そうでなければ相当に苦痛な日々が続くでしょう。

長年のあいだ、人にとって経済的な問題（食っていかなければいけないという問題）が主な、かつ切迫した問題だったとケインズは語っていました。そして経済的な問題が解決されてしまうと、「人類は誕生以来の目的を奪われることになろう」と書いています。
「今後もかなりの時代にわたって、人間の弱さはきわめて根強いので、何らかの仕事をしなければ満足できないだろう」（前掲書）

この主張は、ぼくは個人的に非常に納得感があります。何らかの仕事がないと、自分が生きている感じがしない。自分の生きている意味を感じられないというのは、とても理解できます。超お金持ちになって世界を遊んで飛び回れるのであれば話は別です。しかし、そこまでの経済的な余裕がない場合は「何もすることがない毎日」がくり返されるだけです。

文脈は違いますが、経済学の父と言われる前出のアダム・スミスも同様の見方をしています。彼は、「お金があれば人は幸福になれるわけではなく、仕事が人に尊厳を与える」と語っていました。

生きていけるから仕事をしなくていいという状況だったとしても、仕事をしていなければ人としての尊厳を欠いてしまうかもしれない、ということです。

日本企業はフルタイムで働かせるために仕事をつくる

ケインズはこの状況に対して、「残された職をできる限り多くの人が分け合えるようにすべきである」と、ワークシェアリングのような逃げ道を提案しています。積極的な解決策ではなく、「そうでもしないとすぐ行き詰まってしまう」というようなニュアンスで述べています。

ぼくもこの案は賛成です。現代ではそんなにやるべき仕事はないので、フルタイムでみんなが働く必要はありません。ケインズが指摘した「週15時間で十分」が正しいとすると、ぼくらが現状している1日8時間労働は、およそ3人分の仕事をしていることになりますね。つまり、人口の3分の2は仕事をしなくていいはずです。

とはいえ、働かなくてもいいと言われても、何もしないのは暇すぎます。だから本当にやらなければいけない数少ないことを、みんなで分担するのはひとつのアイディアだと思います。

しかし現状はワークシェアリングどころか、反対にやるべきことが次から次にわいてきて、労働時間は依然として長いままです。

なぜそんなことになるのでしょうか？

それは、新たに仕事がつくり出されているからです。**フルタイムで働くことは前提とされ、空白の時間を埋めるために「やるべきこと」がわざわざつくられています。**本当はまったくやる必要はないのに、次から次にタスクが増えていきます。

特に日本企業においては、仕事内容が明確に定義されていません。だから本来の自分の業務が終わっても、業務時間中は何かしなければいけません。やることがないのに、まだ帰っちゃいけないから何かして空白の時間を埋めるという感じです。

ただ、ぼくらはその仕事を「無駄だけど、暇つぶしでやらなければいけない」とは捉えていません。無駄な仕事も「重要な仕事」の顔をしてやってくるので、一見やらなければいけない仕事に見えますし、ぼくらも「やらなければいけない」と思ってやっています。

というのは、やることがないからといって、何でもいいので作業をさせればいいというわけではないからです。本人が「仕事をしている」という実感を持てなければ、会社も「仕事」として振ることができません。穴を掘って埋め戻すような明らかに無意味な行為は、「仕事」ではないため、業務命令にならないのです。

そしてその案件を振られたほうも、「本当は完全に不要なタスクだけど、やっておいて」と言われたら、それを仕事として認識することはできません。空白の時間を埋めることだけが目的だったとしても、ある程度「重要なタスクですよ感」は必要になるわけです。だから、そのタスクにも「やらなければいけない理由」をつけ、大義名分が与えられます。さらにその仕事にも管理職がついて、そのタスクも報告義務が必要になります。

本来は空白の時間を埋めるだけの「暇つぶし」ですから、その仕事を監督する必要はありません。そしてどのようにタスクをこなしたかを報告する必要もありません。でも、それではそのタスクが無駄なものということがバレてしまいます。だから無駄な仕事にもマネージャーがつき、報告義務を課すわけです。

あなたの会社にも何のためにやっているかわからない定例ミーティング、ありませんか？　そして何のためにやっているかわからないミーティングなのに、その議事録をまとめている人、いませんか？　その議事録、誰かが一度でも見返したことがあるのでしょうか？

もちろん、百パーセント無駄なミーティングではないと思います。もし百パーセント無駄と思えてしまうようなものだったら、「空白の時間を埋める」という目的が達成されません。

ぼくはサラリーマンのときには、会議があるのは当たり前のことだと思っていました。毎週いくつも会議があり、ときには一日中会議ということもありました。でも冷静になって考えると、会議自体は何の価値も生みません。

そして、自分でビジネスをするようになってからは「会議」をほとんどしなくなりました。もちろん情報共有や意見のすり合わせで会議が必要なこともあります。でもそれは仕方なくやるものであり、やらずに済むのであればやりたくないものです。この感覚はサラリーマン時代にはありませんでした。

初めて仕事をする人から「ご挨拶に伺いたい」と言われることもあります。サラリーマンのときは何のためらいもなく「ご挨拶」の日程を調整していましたが、今ではすぐに断ります。何か対面で話さなければいけないことがあるのであれば構いません。でも「ご挨拶」をしなければ仕事がうまくいかないということはないはずです。

サラリーマン時代には、「そういうちょっとしたことで人間関係ができあがっていく」と教えられましたが、本当にそうでしょうか？　もしそうだとしたら、自分で「この『ご挨拶』が何に役立っているか」を自覚していなければいけません。そして、その時間を割かなければいけない意味を語れなければいけません。

くり返しですが、百パーセント完全に無駄なものはほとんどありません。何かに役立ってはいると思います。しかしその「何かに役立っているはず」という考えが、ぼくら自身に無駄なことをやらせているという事実も忘れてはいけません。

社内で「働いていないオジサン」いますよね？

「会社の中で、仕事をしていないオジサンなんているわけがない」

以前、ある経済学者の記事がネットに上がっていました。読んでいて、いろいろ感じることはありましたが、強烈に違和感を覚えたのがこのセリフです。

経済学の世界では、企業は「利益の最大化」を目指しています。企業が活動する目的は利益の確保であり、その利益が最大になるように日々努力をしています。そんな企業の中で、働いていないオジサンなどいるはずがない（許されるはずがない）、というのがその経済学者の主張でした。

企業で働いたことがある人であれば、全員が「働かないオジサン（オバサン）」の存在にすぐに気づくでしょう。入社して1週間もすればわかると思います。

たしかに、企業からすれば「働いていないオジサン」はいてほしくないはずです。でも、日本の法律では、仕事をしないから（成果を出さないから）といって、解雇できません。そして、その仕事をしないオジサンをやる気にさせ、手取り足取り指導するよりも、誰かほかの人が代わりにやったほうが早い。なので、やがてはそういうオジサンがいても「無視する」というのがベストな選択肢になっていきます。

だから「働かないオジサン」はいるのです。ただし、本書は「働かないオジサン」の存在を明らかにすることが目的ではありません。それよりもむしろ、ぼくら全員が「じつは意味のないことをしているのでは？」という点に着目してもらいたいのです。

企業が活動する大きな目的のひとつは「利益」です。しかし実際には多くの「利益に貢献しない仕事」が生まれています。なぜそのような仕事が生まれるのでしょうか？

ぼくらは実はそれほどやることがありません。コロナ禍でリモートワーク、在宅ワークが広まりつつあります。ここで多くの人が「実はやることがそんなにない」ということに気づきました。

「週15時間」が適切かどうかはわかりませんが、ケインズが指摘したように、**もっとずっと短い労働時間で事足りる世の中にぼくらは生きている**のです。

でも、相変わらず長時間労働は続いています。働き方改革で長時間労働が問題視されるほど、労働時間が長いです。

やらなくていいのに、やり続けている。一体なぜ？　ぼくらは奴隷ではないので、会社に鎖でつながれ仕事させられているわけではありません。自主的に長時間労働しているのです。一体なぜでしょうか？

それは、別の要因が出てきたからです。ここにスミスもマルクスも、そしてケインズも想定していなかったような別の要因が、ぼくらを苦しめることになりました。

次の章では、この日本で起こっている「誰も望んでいない仕事環境」が成立している理由、そしてそこから抜け出すことができない理由を解説します。

第4章

なぜ、「熱意あふれる社員」の割合が5%なのか?

就活で、志望動機を本音で語りましたか？

日本では、学校を卒業すると同時に、一斉に就職します。ぼくも頑張って就活をし、運よく会社に拾ってもらえました。

思い出していただきたいのは、面接試験で語った志望動機です。「なぜうちの会社を志望したのですか？」という超難問に答えるために、事前に一生懸命考えて準備をします。

でもこのときにほとんどの学生が持っていた本当の意識は、「どこかの会社に雇ってもらうこと」でした。その会社に入りたくて、熱烈にプレゼンしていたわけではなく、どこからも内定をもらえないのは嫌だからどこかに拾ってもらいたい、そのために企業ウケする言葉を並べていた、ですよね。もちろん完全に嘘を並べていたわけではないと思いますが、本音でもなかったと思います。

そして多くの学生は自分の経歴と照らし合わせて、「ふさわしい企業」をターゲットにします。この「ふさわしい」とは、自分がその仕事をやりたいかどうかよりも、その会社が手がけている事業内容、事業規模、知名度が、自分に「ふさわしい」かどうかです。

バイト先を選ぶときに社名で選ぶ学生はほとんどいないです。社名よりも、自分がやりたい仕事内容かどうか、時給が高いかどうかなど、自分にメリットがあるバイト先を選びますね。それと同じ感覚で「自分にメリットがある会社」を就職先で選んでいたでしょうか？ほとんどの方は違うでしょう。つまりそれは、自分の本心よりも、何か別のものを優先したということです。

「好きを仕事に」を許せない日本人の道徳観

もはや自由に自分でビジネスをできる環境で生きているのに、依然としてぼくらは就職し、労働者になっています。しかも自分の仕事を自分の意志で「やりたくてやっている」という人はかなり少なく、できれば辞めたい・仕事が嫌いという人が多いです。第1章で紹介した「日本企業に、『熱意あふれる社員』が5％しかいなかった」という調査結果からも、それがわかります。

環境的に縛られてはいないのに、ぼくらは自分の嫌なことをしています。というより、嫌なことをするように強いられている感じがします。何か別のものから縛られている感があるのです。

それは何か？

一言で言うならば、**ぼくらが持っている「道徳観」だと感じています。**

好きなことをして生きていきたいと口にする若者を見ると「世の中、そんなに甘くない」と上から目線で非難したり、ベテラン社会人でそういうことを言っている人を見かけたら「いつまで夢見てんの？　いい加減、現実を見ろよ」と呆れたりする人が多くいます。

「好きを仕事に」を非難する人たちも、自分の教訓から言っているわけではありません。「自分も好きなことで生きていこうとしたけど、とんでもない目にあった。だからやめておいたほうがいい」と忠告してくれているわけではないのです。自分たちもやったことがありません。でも批判的な感情が出てきます。

なぜか？　それは**「好きなことで生きていく」が、ぼくらの道徳観に反するから**です。

道徳観に反するとはどういうことでしょうか？

これはもちろん「自由に生きてはいけない」ということではありません。自分がやりたいことをしてすごすのは非難の対象にはなりません。道徳に反すると思われるのは「労働を楽しいことと捉える」ことです。つまり、楽しいことを仕事にしてはいけないという前提が、ぼくらの中にあるということです。

キリスト教でも労働は罰として考えられており、そもそも楽しんでやる対象ではありません。罰なので、楽しい仕事を選びたいと考えることすら勘違いになるわけです。

ぼくらがキリスト教の影響をどこまで受けているかはわかりませんが、人が嫌がることをするのが「仕事」と考えている人は多いです。人が嫌がること、進んでやりたくないことをするからこそお金をいただける、「楽しいこと」をやってお金をもらおうなんて虫がよすぎると無意識に考えられているケースは多いです。

「ビール飲んで昼寝することを仕事にしたい」と言ったら怒られてしまいそうです。それは、その行動が苦しくないからです。「そんな仕事を発注する人はいないよ」という指摘をされるのであればわかります。でもそうじゃない。仕事ニーズについての指摘をしているわけではなく、「ふざけるな」と怒られるのです。

ぼくも会社勤めを辞めて、作家として仕事をし始めたとき、周りから「自分が考えていることを書くだけで金稼げるって、ほんといい身分だよな」などと嫌味を言われたことがあります。このときのポイントは、ぼくが書いた本なんて価値がないということではなく、ぼくがさほどストレスを溜めず好きなことをしてお金を稼ぐということでした。そんな「楽」なことをして、お金を稼げるのはズルいと言いたかったのでしょう。

ぼくが書くことを必要としてくれる人がいれば、ぼくは誰かに貢献していることになるので、それでお金をもらうことは自然だと思いますが、それは関係ありません。労働とは苦しいもの、苦しいからこそお金をもらえると考えている人にとっては、「ぼくが苦しんでいるかどうか」が問題なのです。

「汗水たらして働く」美徳に縛られる日本人

「汗水たらして働く」

日本人が持っている労働の美徳は、この一言に集約されると感じています。汗水たらして働くことを、ものすごくいいこととして捉えていますし、逆に額に汗して働かずに手にしたお金を「あぶく銭」と言ったりします。

汗水たらして働いたからといって、完全に無意味なことをしていたらそれは無駄な汗になるはずですが、そこはあまり考慮されません。成果物よりも「頑張っている感」が重視されています。


経済学でも「労働価値説」という考え方があります。労働が価値をつくるという意味で、簡単に言うと「モノに価値が生まれるのは、それに対して人が手を加えたから」とする考え方です。スミスもマルクスもこの考え方で理論を構築していますし、何より現代の日本でもこの考え方は根強く残っています。

今でも「職人が1年間かけて作り上げた」とか「（機械ではなく）お店で丁寧に手作りしたパンです」みたいなうたい文句が使われたりしますよね。冷静に考えてみると、職人が1年間かけて作ろうが、1日で済まそうが、品質に差がなければどっちでもいいはずですし、機械で作ったものより手作りしたほうが、おいしいパンができあがる保証はどこにもありません。

それでも手間をかけたほうがいい、人がやったほうがいいと無意識に感じていますね。それは「労働が価値を生む」と考えているからです。

そして逆に言うと、人の手が加わっていないものは価値がないし、労働していない人は価値を生み出していないということになります。

労働重視の考え方を持っているうちは、労働しなければ（体を動かさなければ）、働いていることになりません。ましてや価値を生み出していることになりません。

そう感じてしまうと、座ったまま人にアドバイスするだけでお金をもらうコンサルタントは価値を生み出さない職業に見えてしまうし、モニターの前に座ってパソコンを操作しているだけの株式投資家は価値を生まない人に映ります。実際、「コンサルタントは手を動かさないので胡散臭い」と口にする人も割と多いし、投資家を何もせずにお金を得ている悪者のような捉え方をする人もいます。

ぼくらの中には、「汗水たらして労働することが善」という価値観が残っています。

スミスやマルクスが生きていた時代と比べたら、圧倒的に便利で快適な世の中になり、もはやその快適な社会が当たり前になったにもかかわらず、いまだに汗水たらしていないと働いていない感覚になるのです。

本当は電話やメールで済むような案件も、「顔を見せることに意味がある」といってわざわざ出向く営業担当者がいます。スマホアプリでいろんな食べ物を宅配してくれるのに、疲れた体に鞭打って「ご飯は手作りしなきゃ」と思っている人もいます。

それが好きならやればいいと思います。でも、できればやりたくないと思っているのに、「なんか言われそうだから」と仕方なく「労働」している人たちはたくさんいます。

大金持ちを「ズルい」とたたくネットの民

コロナ以降、大金持ちがより金持ちになったというニュースを目にしました。ＳＮＳでそのニュースをシェアしている人の中には、「コロナの混乱で社会が大変なのに許せない」「やっぱり金持ちはどんどん金持ちになっていく不公平な世の中だ」など怒りをあらわにしている人もいました。

しかし、ふと冷静になってみると、怒る理由がわかりません。そのニュースを見て怒っている人たちは、その「大金持ち」から何か奪われたわけではありません。むしろ、自分もその「大金持ち」がつくったネットサービスを使っていたりします。その「大金持ち」たちがいなくなったら、おそらくすごく困るでしょう。

要するに、その金持ちが悪いことをしている！ と怒っているわけではないのです。彼らは単に、「大して苦労もしていないのに金持ちになってズルい」と言いたいだけなのです。ただ、それを言っても意味がないし、そもそも論点がズレています。ぼくらだって、途上国や紛争地域の人たちから比べれば「楽してお金を稼いでいる状態」です。でもそれを指摘されて「日本人はズルい！」と言われても困りますよね。

「ズルい」と言う人がイラついているのは、汗水たらして働くことが善で、汗水たらして働いていないのに自然にお金が入ってくるのは「あくどいこと」と潜在的に認識しているからです。そして、汗水たらさずにお金を稼いでいる人を軽蔑の目で見ているからです。

異動や転勤に黙って従う囚人的な就業形態

また、ぼくらの中には、「お金をもらうためには嫌なことをしなければいけない」という前提があるとキリスト教の影響のところで述べました。みんなが嫌がることをすることが「仕事」である、みんなが好んでやるようなことは仕事ではない、という前提です。

特に日本企業の場合、会社の指示には従わなければいけないケースも多く、「業務命令」と称して異動や転勤を本人の意思とは無関係に課してきました。世の中に必要なことをしたり、誰かの役に立ったりすることではなく、会社の指示に従うことを「仕事」として捉えている人も多いと感じます。そして、会社から与えられた業務命令には意味を考えずに黙って従うことが求められている感があります。

これはもはや仕事でも就職でもなく、「懲役」だと思うのです。

ぼくら会社員は服役している。そして服役しているあいだ、「食事」や「家」を提供してもらう代わりに、看守である上司や会社の言うことを聞いて動かなければいけない。

そんなイメージがピッタリではないでしょうか？

仕事はしんどいものという前提を持ってしまうと、有益なこと、重要なことであっても、それを楽しんでやっているならば、それは仕事ではなくなります。だから、楽しくて自分が積極的にやりたいと思っていることをしてお金をもらうのは、「仕事をせずにお金をもらっている」ということになり、後ろめたくなります。

だから、自分の好きなことを仕事にはできなくなってしまうのです。

ぼくらの「給料」はどうやって決まるのか？

ここで、そもそも論として、日本企業の給料の決まり方を解説しておきます。

結論から言うと、給料は何を成し遂げたか、どれくらい利益に貢献したかでは決まりません。要は**成果ではなく、労働者として来月もちゃんと生きて、ちゃんと働けるための必要経費を渡されているだけ**です。

その会社の中で言われた仕事をします。来月も再来月も同じように言われた仕事をします。その会社の中で仕事をし続けられるように、給料としてお金をもらいます。つまり給料とは「そこにいて、言われたことをやる」ということへの対価なのです。

少し言葉がきついので、補足します。この給料の決まり方は、『資本論』の中でかなり詳しく解説されている内容で、拙著『人生格差はこれで決まる　働き方の損益分岐点』（講談社＋α文庫）で詳細に説明してあります。興味がある方はぜひご覧ください。

まず、給料の決まり方には、大きく分けて2種類あります。①労働者の成績に応じて支払う「成果報酬型」と、②明日も労働者として働いてもらうために必要なお金を渡す「必要経費型」です。

ほとんどの日本企業は②の「必要経費型」で給料を支払っています。実力主義・成果主義を取り入れている企業はありますが、そうはいっても2倍の成績を上げたら2倍の給料になる会社はほとんどありません。フルコミッションの営業会社など以外は、成果主義といえど「成果を一部考慮しているだけ」で、基本は「必要経費型」を採用しています。そして、マルクスが資本主義の給料の決まり方として分析したのも②の「必要経費型」でした。

この理屈を要約して説明します。

マルクスは、商品の価値は、その商品を構成する要素の積み上げで決まると分析しました。

たとえば、おにぎりの価値は、

お米・具材・海苔・包み紙（フィルム）

など、「おにぎりを構成している要素」の価値の合計で決まります。おにぎりを作るのに、お米が必要、具材が必要、海苔が必要、そして包装するためのフィルムが必要です。これらを合わせておにぎりができあがるので、おにぎりの価値はそれらのコストの合計になるということです。

これは言い方を変えると、その商品の生産コストが、そのまま商品の価値になるということです。

そしてマルクスは、労働力も一種の商品と捉え、労働力の価値も同じように決まると考えました。おにぎりの価値は「おにぎりを作るために必要なコストの合計」なので、同じように労働者の給料は「労働者にまた働いてもらうために必要なコストの合計」になります。

たとえばこういうことです。

労働者が1ヵ月働いてエネルギーゼロになったとしましょう。また次の月も働いてもらうには、いろんなお金が必要ですね。家が必要です、食べ物が必要です、着るものが必要です、少し息抜きするための娯楽費が必要です。それらの費用の合計を「必要なコスト」として労働者に払っている。これが給料です。

毎月給料をもらっているのに、知らないあいだにいろいろ使って、給料日前にはほとんど残っていないと感じる方は多くないでしょうか？　お伝えしたように、日本企業の給料の決まり方は「来月もちゃんと働けるだけの必要経費を渡す」という考え方です。だから給料日前にほとんど残っていないのは当たり前なのです。

しかも、年齢を重ねていくと、相応の生活をしないと恥ずかしくなります。いつまでも学生と同じとはいきませんので、生活コストが上がるわけです。生活コストが上がれば、その分を給料に上乗せして払わなければいけません。だから年次が上の人のほうが、給料が高いのです。また、家族が増えれば養うためのコストが追加で必要です。それを給料に上乗せします。それが家族手当です。

このようにマルクスは、労働者が生き続けて、ちゃんと働き続けられるだけの必要コストが労働力としての価値であり、それを給料として払っていると解き明かしました。

仕事をした実感がわかない日本の給料方式

そして、給料が「労働者が来月もちゃんと働けるだけの必要コストの合計」だとしたら、労働者がどれくらい成果を出すかは関係なくなります。2倍の仕事をしても、生活に必要なコストはほぼ変わりません。だから給料は一緒です。逆に、まったく成果を出せなかった人も家や食料などは必要で、コストは同じようにかかります。だから同じだけの給料を支払わなければいけません。

このように、ぼくらの給料は、ぼくらが生み出した利益とは関係なく決まる部分が大半です。もちろん多少は実績も考慮されます。成果を出し続けている社員には少し上乗せがありますが、それも「わずか」です。厚生労働省の統計によると、基本給のうち成果で変動するのはわずか数%程度で、2018年の統計では2・6%しかありませんでした。

それゆえに、ぼくらは自分の仕事ぶりを考えません。自分がどのくらいの価値を生み出したか、どれくらい利益に貢献したかを考えなくなります。

そして同時に、**労働の「妥当な価格」を考えません**。今の自分の仕事を振り返って、この仕事だったら給料はいくらくらいが妥当、自分の能力だったらこれくらいの金額が適正と明確に言える人はほとんどいません。多くの人が同期や同年代と比べて多いか少ないか、しか考えません。漠然と給料が上がってほしいと願う人はいますが、ではいくらになれば妥当なのかと聞かれても、おそらく答えられません。

自分でビジネスを立ち上げ、成功している人はこれがわかっています。自分の仕事が相手にとってどれくらいの意味を持ち、だから報酬はこれくらいが適正だと言える人が多いです。それは自分の報酬を、自分が提供した価値をもとに考えているからであって、必要経費型で設定していないからです。

会社員は税金や社会保険を給料天引きで支払っているから、いくら払っているか知らない人が多いとも言われます。でもそれ以前に、給料が必要経費型だから自分がいくらの仕事をしているか、金額換算でどれだけのものを生み出しているかを把握できなくなっています。

そうなるとなお、ぼくらの仕事は価値を生み出すことではなく、「その会社で時間をすごすこと」になります。成果を上げても上げなくても給料はほとんど変わりません。自分で創意工夫して業績を上げる必要はなく、なんとなく言われたことをその場でやっておけばいいという感覚になりやすくなります。ぼくらはこの給料の構造により、一層仕事をしている感覚を持ちづらくなっていると思うのです。

金額交渉が苦手な背景に「武士道」の影響が

ぼくらは仕事を「しんどいもの」と決めつけています。同時に「しんどいことをやるからこそ、お金をもらえる」とも考えています。たしかに、しんどいことをしてでも、お金をもらえればいいかもしれません。生きていくためなので、しんどいことも我慢してたくさんお金を稼いで、ある程度まで働いたら自分の余生を楽しもう。そんな考え方もあり得ます。

それなのに、ぼくらはそれもできません。しんどいことをしつつも、お金を要求することができないのです。アダム・スミスもマルクスも、自分が頑張って働いて、その対価を受け取るのは正しいこととしていますし、ここは「利己的」になっていい部分です。でもそれができません。これだけしんどいことをしているんだから、正当に評価してくださいよ、もっとお金をくださいよ、と主張することができません。

なぜか？　**日本人は同時に「お金は卑しいもの」という道徳観も持っている**からです。日本人の中には、お金の話題をタブー視する雰囲気があります。実際はみんな興味があるし、すごく大切なものなのに、「お金の話なんて」と避ける人はたくさんいます。誰にも何も言われていないのに「お金が目的じゃない」や「お金がすべてじゃない」といきなり語り始める人もいます。もはや頑張って自分にそう言い聞かせて、納得しようとしているようにしか見えません。

これは単に、マネー教育不足や親の価値観に影響されたというだけではないと思います。比率としてかなり多くの日本人が同じようなお金観を持っています。これは特定の家庭でそのような価値観が植えつけられたというわけではなく、日本社会全体として同じような価値観を過去から受け継いでいると考えたほうが腑に落ちます。

そして**その価値観は、「武士道」とその時代背景から来ている**と感じています。

日本では、侍は依然としてヒーローです。もはや誰も侍を見たことがないのに、憧れの存在であり続けます。そして、「侍スピリットを持った人」と言われて嫌悪感を抱く人はほとんどないでしょう。

つまり、ぼくらは今も侍のようにありたいと思っているのではないかと感じるのです。侍のように誇り高く、侍のように潔くありたいと、心のどこかで思っているのではないかと思うのです。

そしてこの「侍のようになりたい」という価値観が、ぼくらを縛り、ぼくらの仕事観に影響を与えているように思えてなりません。

新渡戸稲造・著『武士道』の中に、このような一説があります。

教師が非常に尊厳が高い存在だったという前置きをしたうえで、その報酬はお金で支払われるべきではない、としています。

精神的な価値にかかわる仕事は、僧侶、神官であろうと、教師であろうと、その報酬は金銀で支払われるべきものではない。それは無価値であるからではなく、価値がはかれないほど貴いものであるからだ。

賃金や俸給は、その仕事の結果が明確で、形があり、計数で測定できる場合にのみ支払われる。(中略)計数で測定できないものに対して、価値の外面的な計量方法である金銭を用いることはきわめて不適当である、というのである。

(『武士道　いま人は何を考え、どう生きればいいのか』奈良本辰也・訳、三笠書房)

要は、崇高な仕事はお金で換算できるようなものではない、ということです。そしてお金で測れるようなものではないので、対価としてお金を要求してはいけない、ということでもあります。同時に、金額換算できるような労働は、大した仕事ではなく、それをしているあなたも大した人ではないという裏の側面も感じさせます。

この感覚は今でもぼくらの中に生きているのではないでしょうか?　ボランティアで何か

仕事をしている人を見て感じることとは、「え、タダでやってるの？」ではなく、「素晴らしい活動をされていますね」です。その人の行いの対価が高いか安いかの話をしているのではなく、無償でやっているから素晴らしいと感じているわけです。

逆に、お金を請求すると「あの人、立派なことしていると思ってたけど、結局はお金だったんだよ」というような言い方がされますよね。立派なことをしているのであれば評価されていいと思いますが、「だからお金をくれ」と言うと、一気にその人の人間性が否定されていきます。

お金は誰にとっても必要なもので、じつはほとんどの人がお金を欲しいと思っているにもかかわらず、就職する際に「お金が目的です」とは言えないし、そんなことを言ったら採用されないことがかなり多そうです。

わが武士道は一貫して理財の道を卑しいもの、すなわち道徳的な職務や知的な職業とくらべて卑賤なものとみなしつづけてきた。（前掲書）

ただこれは新渡戸の私見ではなく、その時代の商工業者の素行にも原因がありそうです。

『武士道』と同じころにまとめられた渋沢栄一の、『論語と算盤』にはこう書かれています。

（前略）武士道が日本の代表的な長所だったにもかかわらず、古来もっぱら武家社会だけで行われ、経済活動に従事する商工業者の間では、重んじられなかったことである。

ヤマト魂や武士道を誇りとするわが日本で、その商工業者が道徳の考え方に乏しいというのはとても悲しむべきことだ。

（『現代語訳　論語と算盤』守屋淳・訳、ちくま新書）

武士道が「是」とされている世の中で、商売をする人たちがその倫理観を持たなかったとしたら、商売という行為が軽蔑されてしまうのは自然な話だったかもしれません。そしてその軽蔑のまなざしをぼくらは今でも引きずっている気がしてならないのです。

ぼくらはお金を要求しづらい道徳観を持っています。だから仕事であってもお金を要求しづらい。**仕事は苦しいことで、お金をもらって生活するために仕方なくやっているという感覚を持ちつつ、同時に「でもお金を要求したくない」と思っています。**こんな強烈に矛盾した道徳観を持っていたら、ぼくらが自分の欲しいものを手に入れられないのは当然なのかもしれません。

そんなの気にしないほうがいい。批判的に言う人には言わせておけばいい。そう感じると思います。ぼくもそうしたほうがいいと思っています。ただ、多くの人ができません。多くの人が世間の声に揺さぶられ、世間の目に悩まされています。

これは決してメンタルが弱い人だけの特徴ではありません。人の目を気にして、人の声を意識してしまうのは、人間が誰しも根底に持っている特性なのです。

人間という生き物は、誰しも人の目が気になるものである。そして人からの賛同を心の底から欲しがり、人からの非難を避けたいと切に願っています。さらには、ぼくらは他人にどう思われるか、そこから自分の行動規範をつくっています。アダム・スミスは250年前に人間の本質を分析し、そう語りました。

次の章では、ぼくらの道徳観がどのようにつくられていくのか、そしてそもそもぼくらはどうして世間の目から逃れられないのかについて説明していきます。

第5章

ぼくらの働き方は誰が決めるのか？

ウィル・スミスのビンタ事件が他人事にならない心理

ぼくらは結局、自分の意思で「嫌なこと」を選んでいます。学校の勉強にまったく興味が持てないのに「いい学校」に入るために必死になったり、ちゃんとした大人に見られるために好きでもない仕事を選んだりしています。もちろん能動的に選んでいるわけではありません。世間の目を気にして、いわば空気を読んでその道を選んでいます。ぼくらはその状況に気づかなければいけません。

ぼくらは、自分の判断で「こっちのほうがいい」と考えて選択し、行動しています。でもだからといって、ぼくらが自由に選んでいるとは言えません。ぼくらが自分の行動を選択するときの判断基準がそもそも人から与えられたものだとしたら、どうでしょう？ ぼくらは自分で選んでいるつもりで、じつは「選ばされている」。

若干、陰謀論のように書きましたが、そうではありません。ぼくらが行動規範としている価値基準や道徳観は、古来、「他人（周囲）から与えられたもの」でした。人間は、かなり昔から人から与えられた基準で生きているのです。

その理屈と背景を、アダム・スミスが『道徳感情論』という哲学書の中で詳細に書いています。「経済学の父」と呼ばれるアダム・スミスがなぜ哲学を？　と感じるかもしれませんが、むしろスミスの本業は哲学です。彼は人間が幸福に生きるためにどうすればいいかを生涯を通じて研究していました。その幸福になるための一要素として「富」が必要だと考え、そのための一環として富を増やすための経済学をつくったのでした。

「人間はそもそも、人の目を気にしてしまう生き物である」。そんなことをアダム・スミスは語っていました。そして、人の目を気にしてしまうその性質こそが、社会の秩序を保つために欠かせないものと語っています。

人間が「正しい行動」をして、「悪い行動」をしないのは、人が他人の評価を気にする生き物だから、とスミスは考えました。それは「同感（同類感情）」というキーワードに凝縮されています。結論から言いますと、この「同感」が人間社会の秩序を保っている、とスミスは考えています。

スミスの道徳観、さらには経済理論を理解するうえで、この「同感」の概念を外すことはできません。

この「同感」は、意味として共感に似ていますが、少し違いますので説明を簡単に加えます。

まず、人はたとえそれが自分に無関係だったとしても、世の中の出来事に対して喜怒哀楽の感情を持ちます。たとえば、ひどいニュースを見たとき、自分が被害を受けていなかったとしても悲しみや怒りの感情が出てきますよね。一方で、オリンピックでメダルをとった選手のインタビューを見て、感動してもらい泣きすることもあります。これが「同感」です。

ぼくらは意識せずとも他人の行動を見て、共感し、自分がその人の立場になりきって感情を抱くようにできています。さらに言えば、ただ単に共感するだけでなく、自分が当事者の立場になり、「他人がしたこと」や「抱いている感情」を自分のこととして考えてみます。その上で、他人の行動や感情の「正当性」を評価しています。

たとえば、2022年春のアカデミー賞授賞式で俳優のウィル・スミスが、プレゼンターのクリス・ロックをビンタしました。クリス・ロックがウィル・スミスの奥さんの頭髪をイジり、それで笑いをとったからです。それに対して激怒したウィル・スミスが壇上に登ってビンタしたのです。

この事件に関して、日本のSNSでもいろいろな賛否のコメントが書き込まれました。ぼくらはこの事件の当事者ではないにもかかわらず、「あれは正しい!」「いや、間違っている!」とその行為を評価しているわけです。

ウィル・スミスの件に限らず、自分に無関係な件に対して首を突っ込んでいるケースはよく見かけますし、ぼくら自身も自分の意見として他人の行動の良し悪しをコメントしたりしますよね。このように、ぼくらはほかの人の行動を無意識に評価しているのです。

人は賛同を求め、他人の目を気にする生き物

さて、大事なのはここからです。

ぼくらが他人の行動を評価しているということは、周りの人たちも、ぼくらの行動を評価しているということになります。つまり、自分の行動は社会全体から評価されているということになります。常に見られていて、常に評価されています。

そして人は、自分のしたこと、抱いた感情に対して、世間にも同調してもらいたいと考えています。

自分は正しいと思ってやったけど、みんなもそう思ってくれるよね……?

私はこれに対してこんな感情を持ったけど、そう感じるのが普通だよね……？と同調を求めています。

アダム・スミスによれば、この「世間に賛同してほしい」という同調願望は、現代人の特性というわけではありません。人の目を気にするのは何もネット社会特有の現象ではなく、人類共通で、しかも同調されることは最重要の願いだと彼は言います。つまり、**人間は他人からの賛同を得たくて仕方がない生き物で、常にその賛同を得られるように行動する生き物**なのです。

ぼくらは常に、周囲の人や社会から賛同してもらえるような行動をとろうとしているわけです。まさに「他人の目を気にして生きている」のです。

ただし、世の中にはいろんな価値観の人がいますし、同じ人でもそのときの機嫌によって他人の行動に違う評価を下すこともあります。万人から受け入れられ、よく思われることは不可能です。特に利害関係がある場合には、「あちら立てればこちらが立たぬ」という状態になります。

そこでぼくらは、自分の中に基準をつくるようになります。生きていく中で、いろんな場面でいろんな人たちから賛否のコメントをもらいます。ぼくらはそれを統合して、「だいたい社会で認められること、だいたい社会で非難されること」を自分の中に基準としてつくっていくようになるわけです。そしてその自分の中の基準に従って生きるようになります。

誰にも何も言われていないのに「そんなことやったら炎上するよね」と考えることができるのは、自分の中に社会から取り入れた基準があって、その基準に照らし合わせて考えているからです。

この周囲の目を気にしながらつくった基準が、ぼくらの中にある「道徳観」になっていきます。

たまに自分で判断しろ、自分の頭で考えろ、と言われることがあります。でも、善悪の判断に関しては自分の頭で考えても意味がありません。善悪の基準は時代や社会によって変わり、ある時代では称賛されることでも、別の時代では非難されます。日本では善とされている行動が、外国では絶対NGと考えられることもあります。

奴隷制度や人身売買が「普通に」行われていた時代を考えれば、善悪の基準が移り変わってきたことがわかるでしょう。現在「正しい」とされていることが「正しい」のは、「世間が正しいと考えているから」なのです。

くり返しですが、ぼくらは自分だけでこの基準（道徳観）をつくることはできません。人の目を常に気にしながら、人がどう思うかを取り入れていった結果、ぼくらの中に世の中の人たちが持っている価値観を取り入れ、自分の中で「こういうときはこうするべきだよね」という道徳観をつくることができたのです。

そういう意味で、人の目を気にするということは、人間として弱いことではない、むしろ社会の中で生きていくために欠かせないことなのです。

問題は、自分の中の道徳観をつくるときに、どこまでの人を「世間」と捉えて、どこまでの人の意見を取り入れるかです。気にする対象が身近な人に限られれば割と話は簡単です。一方で、かなり多くの目を気にしなければいけないとなると、相当窮屈な環境になります。

SNSで日本は壮大な田舎社会と化した

ぼくらは頑張って他人の目を気にして、世間の感覚を自分の中に取り入れました。スミスが生きていた時代は、気にするべき「他人の目」はすごく範囲が狭かったでしょう。人の活動範囲が狭く、世間が狭かったからです。自分がいる村での規律やそのコミュニティの常識を取り入れれば十分で、それで周りの人から賛同を得られていました。

でも現代ではかなり事情が変わりました。特にネットが普及してからは、ぼくらが気にするべき他人が一気にネット上に広がりました。

その結果、日本全体が一種の村のようになり、見たこともなければ、話したこともない、しかもおそらく一生顔も見ることがない相手の意向を組み取らなければならなくなりました。

ぼくは、日本を「壮大な田舎」と捉えています。

「時代が変わっているのに日本人は自分で考えず、相変わらず『正解』を求めている」

「日本は考え方がいまだに『昭和』のままで、過去の価値観や手法がアップデートされない」

「日本では年寄りのための政策ばかり出されて、若い人が軽視されている」

そのようなことが言われています。ただぼくは日本人に考える力がないとは思いませんし、考えを古臭くしたいわけでもないと思っています。**日本は単に「田舎」なのです。**

田舎社会には、とてもいいところがあります。困っている人がいたらみんなで助けようとするし、人としてあったかいし、みんなが気を使ってくれるし。ぼくの祖母は群馬で農業をしていましたが、「玄関の鍵なんかかけなくても、誰も泥棒なんてしない」と生前よく言っていました。実際、ハワイから日本に帰ってくると、日本社会の安全性や清潔感には毎回安心します。荷物を置きっぱなしにしてもめったにとられません。財布を落としても、中の現金も含めて返ってくることはめずらしくありません。

しかし同時に、田舎社会には田舎社会の強烈な「暗黙の前提」があります。みんなで一緒にやることが前提だし、みんなが平等になるのが当たり前だし、常におたがいに空気を読まなければいけないし、ヒエラルキー的に年長者の意見が重視されるし、新しいことにはなかなかチャレンジしないし。

若輩者が正しいことを言っても「生意気言いやがって」と一蹴されて終わる場面も多々あります。さらには、田舎には移住者が少なく、新しい考え方を持った人が入ってきません。そして外様を異様に警戒し、排除しようとする考え方が根強くあります。

日本では「同じであること」がとても重要です。経済的にも「一億総中流」と言われてきましたし、運動会の徒競走で手をつないで全員一緒にゴールさせた学校もありました。ただ、この「結果の平等」を求める考え方より、ぼくが問題だと感じていることがあります。それは「同じであることが大事」という発想が、いつの間にか「誰の意見でも同じように取り入れなければいけない」と思われるようになっていることです。親しい人から言われたことと、赤の他人から言われたことを同じように気にすることが問題なのです。

本来、ぼくらが賛同してもらいたいのは、自分にかかわる人のはずです。「そんなことやったら、織田信長に非難されるよ」と言われても何も気にならないのは、自分が織田信長とかかわっていないからです。戦国時代の人が目の前の信長に嫌われたら即死罪になりそうですが、現代では信長に嫌われようがどうだろうが関係ありません。そして信長にどう思われようが関係ないでしょ、と軽くあしらう人がほとんどでしょう。

でも、同じように自分と本当は無関係であるはずのネットの民の批判には凹みます。ネットの民がリアルの世界で自分に危害を加えに来るとは思っていないのに。でもすごく気にしますよね。何も関係ないし、何もされないことは理解しているのに、それでもすごく気にしますよね。

それはぼくらが顔色をうかがう対象に、ネットの民も含まれてしまっているからです。そして、自分の道徳観を形成する基準として、はるか遠い存在であるはずのネットの民の目も取り入れてしまっています。

以前、アメリカで起業して長年ビジネスをされている日本人の方と話をしたときに、日本文化との違いを強く感じました。アメリカでは誰かが新しいチャレンジをするとき、否定的なコメントはせず、存分に背中を押すそうです。一方で、日本では「失敗したらどうするの?」「やめておいたほうがよくない?」と、行動を思いとどまらせるような言い方をすることもあります。

日本人もイジワルでそう言っているわけではありません。失敗したときに相手が傷つくのがかわいそうだから、相手のためを思って「アドバイス」をしていることもあります。ではその点をアメリカ人はどう考えているのか? 相手が失敗するかもと思っても、背中を押すのでしょうか?

それに対してぼくが聞いた答えは「Who cares?（知ったこっちゃない）」でした。要は、その人がやりたければ背中を押すけど、失敗してもまた別のチャンスがあるだろうし、やってみれば？　というニュアンスです。ドライな言い方にも聞こえますが、相手の意思を尊重しています。「あなたがやりたいことはやればいいし、私が首を突っ込むことじゃない」ということかなと感じました。

日本人はこれができません。割りきることができないのです。だから相手のためを思って引き留めてしまうのです。日本を壮大な田舎社会と見れば、そうなってしまう状況も理解できます。

周りの人の顔色は常にうかがって行動しますし、私は私、あなたはあなたと切り分けて考えることができません。同時に、見たこともないどこに住んでいるかわからないネットの民に対しても、同じように気を使ってしまうようになるのです。

新渡戸稲造が批判した日本人の平等意識

ぼくらは、自分の中に道徳観を醸成させるために世間の価値観と判断基準を取り入れます。しかし、このプロセスでは世間からの「嫉妬」も真に受けてしまうことになります。

スミスが生きていた時代には、人口の10％が餓死してしまうような圧倒的な貧困がありました。そして、そこから抜け出すためにみんな必死になって働いていました。同時に、そこから抜け出したお金持ちを、称賛の目で見がちであるということをスミスは述べています。

しかし現代では状況が変わっています。現代では世の中一般より経済的に恵まれた状況の人を「ズルい」と見る傾向が強いのです。羨ましさもあっての「ズルい」で、お金持ちに憧れる感情もありつつ、「何であいつだけ」という感情を持つ人もいます。

日本では「平等」が好まれ、結果に差がないことで満たされます。それは「自分だけマイナスの状況にいるから、そのマイナスをなくしてほしい」という場面だけではありません。「ゼロの人もいるのに、プラスになっている人がいる。その人のプラスをなくせ」というような、「有利な人の足を引っ張って、みんなと同じにしろ」という発想も根強くあります。

再度『武士道』を引用します。

> 礼の必要条件とは、泣いている人とともに泣き、喜びにある人とともに喜ぶことである。（前掲書）

他人の気持ちに同調して、一緒に泣き、一緒に喜ぶことが「礼」です。ぼくもそのとおりだと思います。ですが、新渡戸稲造はこの直後に、この礼儀があることで「非常におかしい」ことが起きているとも指摘をしています。

日陰のない炎天下にあなたがいる。顔見知りの日本人が通りかかる。あなたは彼に声を掛ける。すると彼は即座に帽子をとる。

ここまではまったく自然である。しかし「非常におかしい」ことというのは、彼はあなたと話している間中、日傘をおろしてあなたと同じように炎天下に立っていることである。

日傘をさしている人と、さしていない人が出会ったら、「日傘をさしていない人」に合わせるということです。礼節とは「泣いている人とともに泣き、喜びにある人とともに喜ぶことである」という言葉をそのまま受け取ると、「相手が苦しい場面にいるのであれば、自分も苦しまなければいけない」となります。

これが合理的に考えて「非常におかしい」と新渡戸は指摘しています。困っている相手を助けようと考えるのは自然な発想ですが、相手が困っていたら自分も同じように困らなければばいけないと考えるのは何の解決にもつながっていません。

しかし、ぼくらの日常にもこういう出来事、ありますよね。

校則で「イラストが入った靴下は禁止」としている小学校があるそうです。キティちゃんやディズニーなどキャラクターつきの靴下を欲しいけど、買えない家がある。かわいそうだから「平等」にするために、全員禁止にする、というのがその学校の理屈のようです。

正直、どこから突っ込んでいいのかわからない校則ですが、こういうことが起きてしまうのは、ぼくらが「泣いている人とともに泣き、喜びにある人とともに喜ぶこと」を根底で重視しているからでしょう。

いつまでも働き方を変えられない最大の理由

ネットには全然自分に関係ないのに「俺にもひとこと言わせろ」とコメントをアップする人たちがたくさんいます。ただ、その人たちも信念からそう呟いているわけではなく、なんとなくのノリでコメントをアップしているようです。

また、芸能人がスキャンダルを起こすと、ここぞとばかりに寄ってたかってボコボコにたたきます。

「現代社会では、みんなストレスをためている」「みんな怒っている」と言われますが、そうじゃない気がします。以前、テレビで「痛快ＴＶ　スカッとジャパン」という番組がありました。嫌なやつが出てきてムカつくけど、最後は誰かがそいつをやっつけてスカッとするという内容です。現代版の水戸黄門のような感じでした。

みんないろんなものに怒っているからスカッとしたくて見ている、という意見もありましたが、ぼくはそうではないと感じています。

「スカッとしたい」のではなく、みんな「怒りたい」のです。

居酒屋で会社の悪口を言っている会社員は、ただ単に怒りの感情を出したいだけです。上司がいないところで、上司の陰口をたたいても、もちろん問題は一切解決しません。やっているのは自分の感情を表に出すということだけですね。つまり、怒りたいのです。

ネットでいろいろな「悪者」をたたくのも、自分が怒りの感情を出したいだけかなと感じます。その行為が悪いから怒っているのではなく、常に怒りを出せる矛先を探していて、遠慮せず怒りをぶつけていい対象が出てきたときに、嬉々としてぶちまけているだけに見えます。

怒っている人たちは、自分の信念に基づいて抗議しているわけではありません。だから怒るポイントが毎回変わりますし、場合よっては矛盾することもあります。

でも、怒りをぶつけられたほうは「世間から非難された」と受け取りますね。日本は田舎社会なので、知らない人からでも非難されたくないと感じます。

ネットが普及するにつれて、ノイジーマイノリティが出現してきました。ノイジーマイノリティは、少数派だけど声がでかい存在のことです。１００人のうち99人は◎と思っていても、残りの１人がめちゃくちゃクレームをつけてくるということはよくあります。

昨今、企業のサービスでも、少数のクレームのためにサービスを停止せざるを得なくなったという事例はたくさんあります。

ノイジーマイノリティは、「マイノリティ」なので、言ってみれば社会の基準からは逸脱している異常値です。スミス自身も、このズレている人たちの存在は認識していました。そして、その異常値に惑わされてはいけない、と語っていました。

ですが、その「声」はスミスの時代と異なり、ネットを使ってはるか遠くの見知らぬ人からも飛んできます。スミスの時代は、自分のコミュニティの中で善悪の判断をすればよかっ

『その働き方、あと何年できますか？』

本書読者様 限定特典！

本書の読者様が参加できる
読書会を開催しています！
本書で学んだ理論と考え方を
いち早く実践できるワークも
多数用意しています。

働き方を一緒に考えたい同僚やパートナーと一緒に参加いただければ、身近に同じ考えを持った仲間を作ることができます。今だけの特別企画です。ぜひこの機会にご参加ください。

日程などの詳細は右記のQRコードよりご確認ください。

＼＼ 期間限定 ／／

オーディオ・ワークショップ

本書の読者様が参加できる読書会の予習として
自分の働き方をより深く考えられるようになる
オーディオ・ワークショップを
ご用意しました。

期間限定でのご提供です。
今すぐ下記のQRコードより
ダウンロードしてください。

たでしょう。でも現代では、見ず知らずの人が地球の裏側からいちゃもんをつけてくることもあります。日本は田舎社会なので、その見ず知らずの人たちの声にも「それはあんたの考えで、私は私です」とは言えません。

こんな状況にぼくらは日々さらされています。そしてその結果、「こんなこと言ったらどう思われるだろう」「たたかれるだろうな、炎上するだろうな」と過度に気にするようになってしまいます。

ぼくらは、他人の目を気にし、他人から賛同を得たいからという理由で自分の行動規範をつくってきました。道徳観を醸成するためには、他人の目を気にするということは欠かせない行為で、ぼくらは過去からずっと人の目を気にして生きてきました。

でも、現代ではまさにその「他人の目を気にする」という行為によって、がんじがらめになって動けなくなってしまっています。**自分の感情や願望を出せず、「人からこう思われそう」「炎上しそう」という理由で、自分を出せずにいます。**

そして、ぼくらはいつの間にか、見知らぬ人を含めて誰からも否定されないだろうことしか言わなくなり、誰からも否定されないであろう行動しかとらなくなります。自分のやりたいことに関しても、誰からも否定されないであろう、すでに世の中で認められている「非の打ちどころがない目標」しか語らなくなります。そしてここに、ぼくらがいつまでたっても働き方を変えられない、いつまでたっても前進している感覚を持てない最大の理由がありました。

第6章

こんな時代だから、フロンティア・ニーズがある

今、目的を感じられない仕事しか残されていない

今、以前と比べてかなり多くの社会人が、「明日仕事、行きたくない」と感じています。日曜の夕方にテレビでやっている「サザエさん」を見て気分が落ち込んでしまう人たちを「サザエさん症候群」と呼びますね。

週末が終わってしまった、明日からまた仕事に行かなければいけない、という現実を突きつけられて滅入ってしまうんです。このサザエさん症候群という言葉がある時点で、日本人がいかに仕事嫌いかがわかります。

この状況に対してさまざまな対策が検討されています。企業の社員研修でもモチベーションアップ研修が実施され、日々の組織マネジメントでも「部下のやる気を引き出すために」と一生懸命考えられています。

ぼく自身、サラリーマンだったときは、会社や上司から多くの配慮をしていただきました。研修も実施してもらいましたし、いろんなことを教えてもらいました。もちろんそれは感謝しています。だけど、「それじゃない感」がハンパないんです。

そもそもぼくらは、自分が本当に望んでいることをしていない。ぼくは強くそう感じています。内定をもらうために建て前で語った「志望動機」に引っ張られていて、本音を言わずにずっと会社にいる感じがものすごく強いです。

そんな環境で「熱意あふれる社員」になれるほうが不思議です。

資本主義経済ができてから約250年、各自・各企業が自分の利益を追求しながら各種の商品を出してきました。資本主義が利益追求に暴走しがちであるという批判はありますが、資本主義経済のおかげでぼくらの社会がかなり改善されてきたのも事実です。しかし、これだけ世の中に便利なものがあふれ、これだけ社会が発展しても、まだ理想の生活には至っていません。

なぜか？　それはぼくらが日々やっていることが「本当にやりたいこと」と違うからです。

前に述べたとおり、そもそも現代では、かつて多く存在していたインフラの不足、日常生活での不便がほぼ解消しています。そして達成感を覚えやすい仕事がなくなっています。その結果、「やるべきこと」がなくなり、仕事の大半は目的を感じづらいものになってしまいました。毎日の仕事を頑張っても成し遂げた感は得られないでしょう。

しかも、その仕事が本当にやりたいことと違う場合は、ますますキツイです。そんな仕事を日々工夫しながらやっても、会社からの業務命令を効率的にこなすことはできても、それで自分が満たされることはありません。やりたくないことをやって、自己生産性を高めることは不可能です。

「やりたいこと」ができないあなた自身の理由

スミスの理論で言えば、個人が利己的に動けば、社会全体としてうまくまとまっていくはずでした。でも、ぼくらは世の中の目を気にしすぎて、利己的に動けなくなっています。もともとは周囲からの賛同を得るため、逆に周囲から批判されないようにと考えていただけでしたが、現代ではそれが行きすぎています。周囲の目があって、ぼくらはやりたいこともできなくなってしまいました。

さらには自分の中にある道徳観により、本来自分が求めていることを自分自身で否定してしまっています。

一生寝て暮らしたいと思っても、本気でそれを実行に移すために考えたりはしません。一生他人のお金で暮らしたいと思っても、それを本気でやろうとはしません。「そんなことできるはずがない」という不可能感もあるかもしれません。でも、なれるかどうかわからないけどプロ野球選手になろうと頑張る球児がこれだけいる一方で、「できるかどうかわからないけど、一生寝てすごす方法を探す」と口にする人はいません。それは「そんなことを考えちゃいけない」と、自分の道徳観が制御しているのだと思います。

ぼくらは、自分が本当にやりたいことを口にできなくなっています。本当の意味で「利己的」になれてない、なろうと思ってもなれないのが本心だと思います。

つまり、ぼくらは本当は自由になれていないのです。たしかに（法律の範囲内で）どんなビジネスでもできるし、自分がやりたいと思ったことをできる環境にはあります。しかしそれはあくまでも制度上の話であり、感情的な話はまた別問題です。違法ではないけど、非難されるというケースはよくありますね。

日本は大きな田舎社会ですから、同調圧力の下で、本音と建て前が大きく異なることは多々あります。制度上はＯＫでも、それをやると後ろ指をさされるということもよくあります。

この状況の場合、政府がいくら自由な制度を用意したとしても、ぼくらがおたがいに「監視」し、目に見えない規制をかけているので、自由に行動することはできません。

さらに言えば、自由に好きなことをしてOKと言われても、何をしていいかわからないのが現代ではないでしょうか？　自分がやりたいことを本当に自覚している人は、すごく少ないのです。

「あなたの目標は？」とビジネスシーンで聞かれると、いろいろ答えます。でもそれはあくまでも「体裁を整えたビジネス用の返答」です。その答えは、あなたが外面の体裁を気にしつつ、猫をかぶった状態で出した答えです。

「やりたいこと」ができない理由は、政府から規制があるからではありません。またやりたいことが技術的にできないというケースも多くはないです。

ぼくらは、世間の目を気にしすぎるあまり、また自分の中の道徳観に縛られすぎているがために、自分でやりたいことを口にすることすらできない。これが「やりたいことが実現しない」の本当の理由ではないでしょうか？

じつは「やりたいこと」も選ばされている

ぼくらは自分の行動を自分で選べていません。ぼくはそう強く感じています。

ここには反論があるでしょう。自分の今の状態は自分のこれまでの選択の結果だ、自分の代わりに誰かほかの人が選択したことなんてない、と感じるかもしれません。

たしかに自分で選択してきたでしょう。ですがそれでも、ぼくらは自分で選べていません。どういうことか説明します。

世の中には、自分で選んだと思わせて、じつは他人に誘導的に選ばされていることがあります。というよりむしろ、ほとんどの選択が誘導されているかもしれません。

最近、テレビドラマ『古畑任三郎』にまたハマっています。刑事・古畑任三郎役の田村正和さんが、犯人をどんどん追い詰めて自白させていく痛快刑事ドラマです。ぼくが中学生のときのドラマなのに、今でも超面白い。あれはすごいですね。

ある放送回のエピソードの中で「マジシャンズセレクト」という言葉が出てきます。犯人がマジシャン（山城新伍さん）で、マジックを使って殺人を犯すという話です。この「マジシャンズセレクト」、最初に聞いたときからすごく頭の中に残っていて、今でもかなり意識して考える言葉なのです。

「マジシャンズセレクト」とは、相手が自分で選んだように見せてマジシャンが意図どおりのものを選ばせるテクニックのこと、だそうです。トランプなどのマジックで「好きなカード、引いてください」から始まるやつがよくありますよね。

好きなのを引いたので相手は自分で選んだと思っています。でもじつはマジシャンが意図どおりのカードを引かせている、もしくはどんなカードを引いてもマジックが成立するようになっています。

このマジシャンズセレクト、じつはマジック以外にも使われています。そしてぼくらは知らないところで「選ばされて」います。つまり、ぼくらは現実社会において「自分でカードを選んだつもりでいるけれど、じつは他人から選ばされている」ことがあるのです。

問題は、ぼくらが自分自身でその道を選択したと思っていること。そしてその選択が誰かの意図どおりになっていて、あなた以外の誰かの利益になっていることです。

たとえばセールスのテクニックで、選択肢を絞って語りかける話法があります。洋服屋さんでお客さんがなんとなく服を見ています。買うとも買わないとも決めていない段階で店員さんが声をかけますね。

ここで「どんなものをお探しですか?」と聞くと、「いえ、見てるだけなので……」と断られます。でも「赤と青のどっちが好きですか?」と問いかけると、「(どっちかと言ったら)赤かなぁ」と選んでしまう。お客さんがそれほど気に入っていない商品でも、「赤と青のどっちが好きですか?」と選択肢を出されると、答えてしまう、というか選んでしまうのです。

ポイントは、お客さんはまだその商品を選ぶと決めていなかったことです。本当は「赤も青も選んでいない」のに、赤か青かを聞かれたので、自分で「赤」を選んでしまった。しかしお客さんの中では、「赤を選んだのは自分」という認識になります。

自分が選んだかのように思わせて、じつは店員さんが選ばせています。これをマジックの世界でマジシャンズセレクトと呼ぶかは知りませんが、起きている現象は同じです。

年収1000万円をお金持ちと思わせたのは誰か？

これと同じで「年収1000万円」もマジシャンズセレクト的なフレーズです。

日本では、年収1000万円が高給とりのひとつの目安になっています。なぜでしょうか？　もちろん、区切りがいいからということもありますが、ぼくはこの背景にマジシャンズセレクトを感じずにはいられません。

お金持ちになりたいという人に対して、目指している年収金額を聞くと、結構な割合で「年収1000万円」と答えます。つまり、「お金持ち≒年収1000万円」という図式になっているわけです。

ただし、年収1000万円になっても、残念ながらその人が思い描くようなお金持ちの生活にはなりません。「値札を見ずに買い物がしたい、年に数回はビジネスクラスで海外旅行に行きたい、都内の高層マンションに住んで、高級レストランで外食して……」。そんな生活をイメージしているのであれば、おそらく手取りで年2000万円くらいは最低必要でしょう。税金を考慮すると3000万〜4000万円くらいの稼ぎが必要です（税金のかかり方は会社員かビジネスオーナーかによって違います）。

いわゆる「お金持ちの生活」をするためには、年収1000万円では足りません。ではなぜ、みんな年収1000万円を目指すのでしょうか？ ぼくはここにマジシャンズセレクトがあると思っています。要は、ぼくらが自分から「年収1000万円を目指そう」と思い立ったわけではなく、自分で年収1000万円を目標に設定したかのように思わせている人が、誰かほかにいると思うのです。

その人はぼくらに「年収1000万円のお金持ちを目指しますか？」と問いかけてきます。お金持ちになりたいぼくらはその問いに対して「目指す」と答えます。そして、年収1000万円になるために頑張って勉強して、頑張って仕事をします。

ぼくらはこうやって自分で道を選んだように思わされています。これのどこが「選んだように思わされている」のか？ 何を選ばされたのか？

それは会社員として生きる道です。ぼくらは「その人」から、会社員になる道を選ばされたのです。どうやって？ 「年収1000万円≒お金持ち」という基準を与えられることによって、です。

何度もくり返して申し訳ないですが、本来年収1000万円は多くの人がイメージしているお金持ちの経済状態ではありません。にもかかわらず、かなりの割合で「年収1000万円＝お金持ち」と思っています。そしていつの間にか、お金持ちを目指すかどうかではなく、年収1000万円を目指すかどうかに議論がすり替えられています。

多くの人がイメージするお金持ちになるためには、ぼくらはたとえば年収3000万円にならないといけません。でも、そうなっては困る人がいるのです。ぼくらが年収3000万円を目指すと困っちゃう。

なぜか？　年収3000万円は、サラリーマンでは目指しても達成できない金額だからです。

会社員で年収3000万円を達成するのはほぼ不可能と言っていいくらいの低確率で、そんな人はほとんどいません。国税庁の発表によると、会社員で年収2500万円を超えている人は、全体のたった0・28％、1000人中2～3人しかいません。

年収3000万円はもっと少なくなりますね。もし「お金持ち＝年収3000万円」だったら、会社員でいるうちは、自分の目標が達成されないことになります。となるとお金持ちになりたい人は会社員を辞める、もしくは会社員を目指さなくなりますね。これだと都合が悪いのです。

一方で、会社員で頑張れば、年収1000万円に手が届くルートなら見えています（もちろん会社によります）。そこで10年、20年頑張れば、「お金持ち（年収1000万円）」になるのが非現実的なことではない。だからそこで頑張ろうとする。

日本のどこかに、ぼくらに会社員でいてほしいと思っている人がいて、その人がお金持ちの定義を勝手につくり、そこを目指すかどうかの問いかけをしてきます。

ぼくらはお金持ちになりたい！　お金持ちになるために頑張る！　と自分で意思決定したつもりでいますが、同時に会社員で居続ける選択をさせられているわけです。

これがぼくが感じているマジシャンズセレクトです。選択肢が提示されれば自分で選ぶことができます。でもその選択肢自体が意図的に、誘導的につくられていたとしたら？　怖いことですね。

人から与えられた選択肢には多かれ少なかれ相手の意図が入っています。その中で自由に選択できたとしても、所詮は相手の手のひらの上で転がされているだけです。ならば、選択肢から自分でつくらないといけませんし、そのために選択肢をつくれる自分になる必要があります。

働き方以外でも、ぼくらは誰かが提示した選択肢から選んでいます。たとえば、「何でも食べたいモノ食べていいですよ」と言われても、メニューの中から選ぶことが前提になっています。「じいちゃんが作ったカレーが食べたい」と言ったら、「それはメニューにないです」と断られます。要は、相手が用意した選択肢の中から選んでください、という意味ですね。

「将来の夢は？」という質問さえも、その時点で成立している活動や職業しか選べません。ぼくが幼稚園生だった40年前に「自分でビデオを撮って、たくさんの人に見てもらって、広告収入をもらいたい」と言っても、それは夢として受け入れてもらえなかったでしょう。YouTuberという職業が、質問をした相手の選択肢の中になかったからです。このように、相手の選択肢にないものを答えると「まじめに考えなさい」と怒られ、別の答えを言うように強制されました。

そうして、ぼくらは与えられた選択肢の中から選ぶということを知らない間に受け入れ、それが当たり前になってきてしまったのです。

話を大本に戻しましょう。ぼくらは自分で好きなものを選んでいるつもりで、じつは誰かから与えられた選択肢の中から選んでいます。選択肢以外は選べないわけで、つまりは「自分で好きなものを選べていない」ということになります。

ぼくらが本当に意識しなければいけないのはこのポイントにあります。与えられた選択肢を無視して、本当に望んでいるものに意識を向けませんか？　それこそがやりたいことを実現させていく唯一の道だと考えています。

人目を気にして「可もなく不可もないニーズ」を語る消費者

世の中の目を気にして自分がやりたいことができていないのは、個人のプライベートの話題に限りません。企業もまた世間の目を気にしていますし、ぼくらも消費者として自分が欲しいものに関しても「こんな商品やサービスが欲しい」と本音を言えないでいます。もはやおたがいに、**可もなく不可もない「真っ白な商品・真っ白なニーズ」しか語れなくなっているのです。**

真っ白な商品とは、「絶対に炎上しない、誰からも苦言を呈されない、完全に無難な商品」という意味です。そして、真っ白なニーズとは、誰の目も気にすることなく、気兼ねなく「欲しい」と言えるニーズです。ぼくらの体にしみ込んだ道徳観から少しでも外れるようなものは、たたかれてしまいます。企業は炎上することを恐れ、なかなかそれを手がけることはできないし、個人も人目を気にして「それが欲しい！」とは言えません。

本当はかわいい服を選びたいのに、年齢を気にして紺のスーツを買って無難に済まそうとしている女性がいます。本当は子育て中も友達と飲みに行きたいと思っているのに、「子どもを預けて飲みに行くなんて……」と我慢している親もいます。人目を気にしたり、自分の中の道徳観に背いた感じがあって、「こういうことをしたい！」と言うことすらできていない人がたくさんいませんか？

ぼくは小学生のとき、まったくモテなかったくせに、2月14日だけは寝癖をちゃんと直して学校に行きました。結局チョコレートをもらえたことはほとんどなかったんですが、それでもかすかな希望を胸に毎年登校していました。今となっては我ながらかわいらしいエピソードです。こんな小さいときからモテたい・人気者になりたい願望があったわけです。

このような話はぼくだけじゃないですよね。度合いはともかく「かっこよくなりたい」「かわいくなりたい」「モテたい」という願望は多くの人が持っています。にもかかわらず、それを直接的に叶える商品・サービスはほとんどありません。

自動車メーカーはモテる車と言わず、性能がいい車、燃費がいい車と言います。住宅メーカーはモテる家と言わず、「快適な空間」や機能性を訴求しています。

もちろん、モテることがすべてではないし、それ以外の目的はたくさんあります。ですが、モテるをキーワードにした商品がこれほどまでに少ないのは、人目を気にして猫をかぶっているだけじゃないかとも思うのです。

性能がいい車・燃費がいい車です！　と打ち出して炎上することはないでしょう。しかし、そんなことを言っても、消費者には刺さりません。それは誰もが気兼ねなく語れる「真っ白いニーズ」を扱っているからです。そしてもはや、そんな商品は「みんな語っている当たり前のポイントを訴求しているだけ」です。そのため、可もなく不可もない平凡な車という印象にしかなりません。

自分の外見を整えるための整形は、かつてはタブー領域でした。タブーだから、整形しているタレントを見かけると「あいつは整形だから」とたたきます。でもじつは多くの人が自分も整形したいと思っていました。今ではプチ整形、美容整形が「ふつう」になりつつあります。コロナ禍でステイホームの時期に「今がチャンス」とみて多くの人が美容整形に行きました。これまで言えなかっただけで、結局みんなやりたかったわけです。

お客さんの声を聴いても売れない時代

企業は、世の中に役立つ商品・サービスを提供しています。ただ、**ほとんどの企業は「真っ白なニーズ」を解決するためのものを出しています。**それが悪いわけではありませんが、その真っ白なニーズはビジネステーマとして扱いやすいためライバルは常に多くなります。

資本主義経済の宿命ですが、ニーズに応えやすい分野には数多くの企業が参入してきます。そしておたがい競い合ってお客さんのニーズを叶えていきます。結果として、どんどん「これから満たすべきニーズ」を減らしていきます。

商品がまだまだ足りない時期はこれでもよかった。同じような商品を扱っているライバルがいて、みんなで大量に商品を作っても、買ってくれるお客さんが多くいました。しかし、もうその時代も終わっています。真っ白いニーズを扱っても商品はなかなか売れていきません。

今はニーズが多様化しているから商品が売れづらい、というような言われ方をすることがありますが、それは少し違うのではないでしょうか？　ニーズが多様化しているのではなく、メインのニーズが解決済みになっているから、些細な部分に目を向けるしかなくなっているというのが本当の姿でしょう。

「真っ白なニーズ」の分野には、相当な数のライバルが相当な時間をかけて、相当な商品を投入してきています。ライバルだけではありません。あなたやあなたの会社自身も、これまで相当な商品を出してきたと思います。正直なところ、もうやり尽くされています。

たとえば、冷蔵庫の新機種に何を望みますか？　基本的な機能はすでに備わっていますね。冷蔵・冷凍はもちろん、製氷、チルドなどもすでにあります。この上さらに新機種に望む機能は、あってもなくてもどちらでもいい機能になるのではないでしょうか？

メインの部分ではすでに十分足りていて、ほぼ不満はありません。しかしそれでも「何が欲しいですか？」と聞かれると、お客さんは「そうですね……、しいて言えば……」と重箱の隅に目を向けて捻り出すしかなくなります。ただしそれは強引に絞り出した「重箱の隅ニーズ」で、じつはお客さんもそれほど重視していません。だから顧客の声を聴いて作ったはずの商品なのに売れないのです。

にもかかわらず、毎年毎年、新商品を出さなければいけません。これ以上何をすればいいんだよと感じるのも無理はありません。第3章で指摘したように、新しい商品の意義はどんどん小さくなっていきます。達成感を得にくい仕事しか残っていないのです。それなのに「やりがいを持て」と言われて、無理やりこじつけて自分の夢と仕事のやりがいを口にしているのが現代人ではないかと思うのです。

でも、その重箱の隅を「磨いている」ような仕事に本当に情熱を捧げられるのでしょうか？　ひとつ前のモデルと見分けがつかないような新商品を出して、本当に達成感があるのでしょうか？

そんな質問を、ぼくらは自分自身に問いかけなければいけない時期に来ています。もはやこれ以上、人目を気にしながら猫をかぶったビジネスをしても先はありません。

使えなくなったプロダクトアウト・マーケットイン発想

既存のビジネス分野で、「有意義なやるべきこと」を見つけるのはかなり難しいです。既存商品と大差ない商品しか出せないとなれば、企業の利幅も小さくなりますし、重箱の隅を磨くような仕事しか残されていないため、個人のやりがいも失われていきます。

新しい商品の企画を考えるとき、「プロダクトアウトかマーケットインか」と言われることがあります。ものすごく簡単に言うと、プロダクトアウトは、「自分たちができることからどんな商品が作れるかを考える」、マーケットインは「市場が求めていることからどんな商品がいいかを考える」という意味です。

日本企業は長らく「プロダクトアウト型」でビジネスをしてきました。自社の技術を活かしてできることを考え、「当社の○×技術を活用してこんな商品を作りました」と世に出します。ですが、自分たちができることと消費者が望んでいることがズレ始めると、このプロダクトアウト発想は行き詰まります。

そのため近年は、マーケットインの考え方で、市場の声を聴くべき、消費者が望んでいるものを提供するべきと言われることが多くなりました。

理屈としてはわかりますが、ぼくはもはやマーケットインも意味がないと感じています。というのは、消費者に聴いたところで語りつくされている真っ白なニーズしか出てこないからです。そしてそれを実現する商品を作ったところで、消費者にとっては「いま持っている旧型」と大差なく、結局買ってもらえないからです。

もうプロダクトアウトもマーケットインも、どちらの発想も使えなくなっています。発想を大きく変える必要があるのです。

どう変えるか？　**プロダクトアウトの発想でも、マーケットインの発想でもなく、これまで取り上げてこなかった別の部分に目を向けるべきなのです。**

否定されていた中にフロンティア・ニーズが

ではどうすればいいのか？

ぼくらはこれまで手つかずだった「フロンティア・ニーズ」に向かうべきです。

フロンティア・ニーズとは、「こういうことをやりたいけど、もしかしたら否定的意見があるかも……」と躊躇して手がけてこなかったニーズです。つまり、前からやりたいと思っていたけれど、存在は知りながら手をつけてこなかったニーズを扱うということです。そこにぼくらの新しい道があります。

逆に言うと、フロンティア・ニーズの領域に乗り出すとは、「これまでになかった独創的な商品・サービスをつくる」ということではないのです。つまり、画期的な商品アイディアを思いつかないといけないわけではないし、iPhone のような発明的商品が必要なわけでもないのです。

また、自社商品も含めて、市場にある既存の類似商品との差別化を考えても意味はありません。それらの差別化を「可もなく不可もない真っ白なニーズ」の領域で考えたところで、結局同じことになります。

フロンティア・ニーズは、すでに自分たちは自覚しているニーズです。企業は「こんな商品・サービスを欲しがる人がいると思うんだけど、たたかれるかもしれないから、うちではできないな」と感じ、消費者は「こんな商品があったらすぐ買いたいけど、欲しいって口に出したらたたかれるかもしれないな」と思って言えなかったニーズです。

つまり、「これまでも存在しているのは知っていたけど、そこには行かなかった」という点が重要です。そこに行くのを避けてきた、人目を気にして手掛けてこなかった、そこに目を向けようということです。

フロンティア・ニーズは、それを欲しがる人は確実にいる一方で、そのテーマに眉を顰《ひそ》める人も一定数います。そして企業がこのフロンティア・ニーズに向けて商品を出したとき、「えー、そんなことやるの？」「なんか変なビジネス始めたな」とたたく人が出てきます。この世の中の目があるので、企業の中では「うちがそんなことをするわけにはいかない」と強い反対意見が出てしまいます。だからこれまで手をつけてきませんでした。

以前、ある生命保険の営業をしている方が「顧客にこれ以上提案するものがない。投資商品を勧めたいけど、投資って怪しく思われるからできない」と話していました。彼は投資商品も紹介できる環境にあって、やろうと思えばできたようです。でもやらない。保険は勧められるけど、投資は無理、なぜなら賛否両論あるから、ということです。しかし言うまでもなく「投資＝怪しいもの」ではありません。

そして日本でも、もしかしたら自分の資産を投資で運用したいと思っている顧客もいるかもしれない。なのに、この営業さん本人が気にして提案していないだけです。

この営業さんが考えるべきことは、まったくかわり映えしない「新しい」保険商品を提案し続けることではなく、自分が提案してこなかった投資を勧めることではないでしょうか？

フロンティア・ニーズは決して「社会から非難される違法なブラックビジネス」ではありません。法律に反したり、誰かを傷つけるようなビジネスを手がけてはいけないのは言うまでもありません。あくまでも「**人目を気にしてやってこなかったビジネス**」です。

このジャンルは、**消費者側から見ると「これまで誰も相手にしてくれなかったニーズ」**という意味になります。自分は欲しいと思っていたし、どこかに自分の願いを叶えてくれる人がいたらいいのにと思いながら、それを口にも出せずにいました。

なぜ口にも出せずにいたかと言えば、「こんなことを言ったら、周りに白い目で見られるかも、鼻で笑われるかも」と感じてきたからです。

先ほどの保険営業の例では、営業さんが投資を勧められないという話を書きましたが、それはつまり顧客側からも「資産を運用して増やしたいんだけど」と言われなかった、ということでもあります。かつては株式投資、さらには資産運用自体が「危ないもの」「欲深いもの」と思われていたふしがあります。そんな時代には「自分のお金を資産運用で増やしたい」と思っていても口に出せませんでした。

また、たとえば自分をタレントやモデルのようにきれいに写真におさめてほしいというニーズを持っていても、なかなか口に出せないかもしれません。そう思ったとしてももちろん違法ではないですね。そして、一般の方をタレントやモデルのように撮影し、きれいに残すサービスがあっても、それは当然違法ではありません。

でもなかなか自分をそのように撮影してほしいと言いづらい雰囲気はあります。「何勘違いしているの？」と鼻で笑われるかもしれないし、「すごいナルシストだな」と非難されるかもしれません。だから言い出せない。消費者が言い出さないから、企業側も大々的にはサービスを打ち出しません。なので、このようなサービスは存在していても、一般的になっていません。

でも一方で、同じような雰囲気で撮影するマタニティフォトは気兼ねなく依頼できるし、撮影した写真をSNSにアップしてもたたかれたりしません。だからマタニティフォトは市民権を比較的簡単に得られました。

本来、企業は利己的に利益を最大にするように活動するはずが、体裁を気にして利益を追い求めなくなっています。そして、無難な「真っ白なニーズ」を扱い続け、もはや消費者は「お腹いっぱい」です。

ぼくらの定年はこれからもどんどん延びていくことが予想できます。あなたはあとどれくらい働くのでしょうか？　これからもずっと、無難な「真っ白なニーズ」だけを見て、重箱の隅を磨き続けますか？

eスポーツもかつてはフロンティア・ニーズだった

これまでとは違うフロンティア・ニーズに向かえと言うと、リスクを恐れずに誰もやったことがないことに挑め、と聞こえるかもしれません。ですが、そうではありません。これまでもフロンティア・ニーズに向き合ってきた企業はありました。

フロンティア・ニーズも、みんなが言い始めて時代が追いついてくれれば、やがて白いニーズになっていきます。

インターネットのサービスもかつては「ものすごく怪しい」と思われていました。インターネットサイトにクレジットカードを登録するとお金をだましとられると言われたり、ネットに動画をアップしてビジネスをしている人を、詐欺師を見るような目で捉えていた人たちがいました。一昔前にはYouTuberが、得体のしれないアングラな人と見られていたこともありました。

でも今はオンラインショッピングは当たり前ですし、ネット上で個人が商品・サービスを売るのは完全に普通のことです。YouTuberにいたっては子どもたちのあこがれの職業になりました。世の中からの冷ややかな視線に打ち勝って、それを続けていた人たちは自分がやりたい道で日々生活ができるようになっています。

最近、ますますテレビ離れが加速していると言われます。とはいえ、動画を見なくなったわけではありません。Netflix や Amazon Prime は大人気です。単にテレビの地上波が面白くなくなっただけです。それはテレビが「真っ白なニーズ」にしか対応していないからです。

Netflix で人気の番組を見てみると、地上波では放送しないような番組がたくさんあります。視聴者はいい加減、「真っ白なニーズ」に飽きているのに、地上波はそれを続ける。一方で Netflix や Amazon Prime にはぼくらがこれまで「見たい！」と言えなかった番組がある。だからそっちを見ているわけです。

もし30年前に「一日中ゲームをして生きていきたい」と言ったら、ものすごい勢いで説教されていたでしょう。でも今ではプロゲーマーは市民権を得ていますし、「テレビゲーム」はeスポーツと名前を変えて世界大会まで開かれています。

でもこれをテクノロジーやゲーム技術の進歩で新しいマーケットができたから、と見てはいけません。ぼくが子どものときにもプロゲーマーはいました。高橋名人を筆頭に、ファミコンのゲームがめちゃくちゃうまい人たちがゲームを生業にしていました。少しマニアックな話になりますが、高橋名人はファミコンのソフト（「高橋名人の冒険島」）のキャラにもなっていますし、彼の必殺技である「16連射」を練習するおもちゃも発売されていました（ぼくも買いました）。

過去にもゲームを生業にしていた人が実際にいたのです。過去もこの分野を仕事にすることはできていたのです。でもそこを目指す子どもたちはごくごく少なかった。それは「高橋名人みたいになりたい！」と言った瞬間に周囲の大人から全力で説教され、「いい会社」に入るように促されたからです。

その結果、このジャンルにはライバルがあまり参入してこなかった。ぼくは高橋名人の大ファンだったので、それを前提に書きますが、今のプロゲーマーの人たちのほうがゲームの技術は上だと思います。でも、今のプロゲーマーはライバルが増えているため、第一人者になるのは相当きつそうです。当時は、人生をファミコンゲームに捧げる人はほとんどいなかったので、ライバルが相当少なかった。そのため、今に比べたらかなり勝ちやすかったと感じます。

これまでやってこなかった分野には、一定の否定的意見があるため、最初は心理的に抵抗があるかもしれません。しかし立ち上げてしまえば、かなり有望なビジネス分野になり得ます。多くのライバルが避けてきたテーマで、ニーズはあるけれど提供者がいなかった。そこでビジネスを展開すれば、既存のカテゴリよりもうまくいく可能性が高いでしょう。

「そのフロンティア・ニーズでビジネスをすることも簡単ではないのでは？」という指摘があるでしょう。それはそのとおりです。フロンティア・ニーズだから簡単に稼げて、苦労なくビジネスがうまくいくわけではありません。

でも、その領域は、あなたが本当にやりたいと思ってきたことですよね。ずっと自分の中に閉じ込めてきたものですよね。

そんなテーマであれば、今の仕事よりもだいぶ熱量高く仕事ができるのではないでしょうか？　そして少なくとも、今の仕事よりはだいぶ仕事をしている感覚が得られるのではないでしょうか？

すぐにすべてを変える必要はありません。いきなりガラッと変えてしまうと、経済的安心がなくなる可能性が高まります。今の仕事をしつつ、今の商品を売りつつ、でも少しずつ変えていくことをぼくは勧めます。

この先も重箱の隅を磨くような仕事を続けるのか、これまで人に話せなかった自分の本心に目を向けるのか、それを選ぶ時期に来ているのではないでしょうか？

「Stay foolish」に自分のフロンティアがある

スティーブ・ジョブズはスタンフォード大学での有名なスピーチの中で、「Stay hungry, stay foolish（貪欲であれ、愚かであれ）」という言葉を残しました。

「Stay hungry」はビジネス現場で語られていてもまったくおかしくない言葉です。より貪欲に、現状に満足せず、もっといいものを出していこう。そんなイメージかなと思っています。

一方で「Stay foolish」はあまりビジネスの現場で語られません。しかも、通常「foolish」はどちらかというといい意味では使われません。Foolという言葉は日本語でも、「マジでアホだな笑」と誰かをいじりながらコメントするときには使われますが、仕事現場で相手に「foolish」を期待している人は少ないです。

しかし、**今ぼくらが求められているのは「Stay hungry」より「Stay foolish」です。**

ジョブズの意図とは少し異なるかもしれませんが、ぼくはこの言葉を「無難に収まるな」と訳したいです。無難に収まらないFoolishこそが、フロンティアになり得ると思うのです。Foolにならず、優等生の発想で仕事に取り組めば、既存の改善はできるかもしれません。トラブルも減らせるかもしれません。でも、これまでと同じような発想で同じようなことをくり返すだけです。それはもうやり尽くされていますし、その分野で仕事をしてもほとんどやりがいを感じられないでしょう。

「まじめな発想をしていたら、口にするのもはばかられるようなこと」を考えよう、「これまで人が思いとどまってきたこと」をやろう。「Stay foolish」という言葉から、そんなメッセージをぼくは受け取りました。

人生がつまらないと感じている大人がすごく多いです。でも、何がないからつまらないのかを聞かれても答えられません。そして同時に自分で何がしたいかも言えません。ようやくひねり出しても、普通のことしか出てこないと思うのです。1ヵ月休みが取れて、お金も100万円くらいあったら何をする？　と聞かれても「南国のビーチでまったり」とか「世界一周」とか、せいぜい「自転車で日本縦断」とかしか出てこない。

「自分の写真集を出す」とか「山奥の土地を買って、そこを自分の基地にする」みたいなことを口にする人はとても少ないと思うのですよ。別に写真集を出さなくてもいいですが、「そんなアホなこと考えるなよ」というリアクションがもらえるような答えをする人は少ないです。

ぼくらは長いあいだ、人目を気にして、たたかれたり呆れられたりするのをおそれて、知らず知らずのうちに「真っ白なニーズ」しか語れなくなっています。「南国ビーチでゆっくりしたい。世界一周したい。自転車で日本縦断したい」、どれもそれを語ったときに変な人扱いされる可能性はほぼありませんし、実現できたら楽しいでしょう。ですが、ジョブズが語った「Stay foolish」からはかけ離れた夢であることも確かかなと思います。

このまま人目を気にして、可もなく不可もないニーズを言い続けて、ぼくらがたどり着きたいゴールに行ける気はしません。

無理して変なことをやろうということではありません。ぼくがお伝えしたいのは、人目を気にしてこれまでやりたくても我慢してきたようなことを「Stay foolish（無難に収まるな）」の自分になってやってみませんか？　ということです。

自分が嫉妬するものの中に「やりたいもの」がある

以前、ファミレスでご飯を食べていたら、隣の席の若い女性二人組が「なぜ私たちには白馬の王子様が来ないのか」というテーマで話していました。

「なんで私たちには、イケメンで金持ちでやさしい男が来ないのかねぇ〜」と、なかなか哲学的な問いから始まり、自分たちの容姿を分析しています。ぼくが言うのもおこがましいですが、普通に「きれいな人」だと思いました。ただ、発言がすごく気になりました。

「この前、イケメンの金持ちっぽい人が声かけてきたけど、騙されてるのかと思ってスルーしちゃった」と言ったのです。

なるほど、だからこの二人には白馬の王子様が来ないのだなと感じました。その「イケメンの金持ち」がどんな人かはわかりません。しかし「イケメンの金持ち」に出会いたいと願いつつ、心の底では「イケメンの金持ちは私を騙す」と思っていそうです。もしそうだとしたら絶対出会うことはありません。

この女性に限らず、**多くの人が欲しいものがありつつも、じつはそれを避けている現状があります。**お金持ちになりたいと思いつつ、お金持ちに悪いイメージを持っています。仕事で成功したいと思いながら、マネージャーや経営者というものを嫌っている人がいます。

この相反する感情は、もともとは「妬み」からスタートしているとぼくは考えています。そしてこの妬みが、自分の願望を自分で語れなくしています。

たとえば「自分は〇〇になりたい！」と思ったとします。でもそこで、自分より先にその状態を実現している人を目にします。悔しいですね。なぜあの人にはできて、自分にはできないのかと感じます。そこで嫉妬心からその人を否定するようになります。「なんだよ、あいつ！　っていうか、〇〇の人って、じつは嫌な奴多いよな」というように。

ここで、自分が憧れていたその「〇〇」の状態に悪いイメージを持ち始めてしまう。そして自分はそれに憧れていると言えなくなってしまうのです。

お金持ちになりたいと思いつつもなれない、だからお金持ちに嫉妬する。そして「どうせ金持ちなんて悪いこととして稼いでいるに決まっている！（だから自分が金持ちになってなくても問題ない）」と自分に言い聞かせます。

いつまでも若く魅力的でいたいと思いつつも、肉体的な衰えを感じてしまう。しかし周りには若々しく同性にも異性にもモテる人がいます。その人を見ると「あんなの絶対におかしい。整形やったに違いない」と陰口をたたきます。

嫉妬をしてはいけないということではありません。嫉妬をすることで、自分の本当の欲求を自分で否定するようになり、「目指してはいけない状態」に自分でしてしまうのがいけないのです。

もしかしたら、あなたの中にもそのようなものがあるかもしれません。そして嫉妬心から遠ざけてしまったものは、あなたのフロンティア・ニーズである可能性が高いです。その嫉妬感情を一旦認め、もう一度その欲求を思い出してみませんか。そうすれば、もっと簡単に自分がやりたいことが見えてくるはずです。

外野の声より自分の「譲れないもの」を思い出す

人目を気にしてしまうのは、ぼくら現代人だけの特性ではありません。アダム・スミスが指摘したように、人から賛同してもらいたい、人に非難されたくないと感じ、人目を意識しながら行動するのは、万人が持っている最大の欲求です。だから気にするのは仕方ないのです。

ぼくらも気にしたくて気にしているわけではないですし、周囲の目から自由になれればどれだけ楽だろうと感じることもあると思います。

スミスの時代にも、本質とはかけ離れたくだらない評価をしてくる人はいたようです。そのような世間からの「雑音」に踊らされてしまう状況もスミスは理解していました。また同時に、自分ではこれがしたい、これが正しいと思っていても、ついつい流されてしまって別の判断をしてしまうこともあるとしています。


このようなとき、**最終的に人間の拠り所となるのは、「神への信仰心」であるとスミスは説きました。**道徳心を身につけてもそれに従わないという選択もあり得ます。しかし人は自分の道徳心に従います。なぜなら「神に見られているから」です。神にそむけないという信仰心が人に道徳を守らせているというわけです。

とはいえ、日本人はあまり宗教を意識しません。人目を気にせず自分の道を進めるようになるために神を信仰しよう、と言われても、あまり現実的ではありませんね。

ぼくらが世間の目を気にせず、自分を貫けるようになるために、宗教は必ずしも必要ではないと感じています。宗教の代わりに、つまり神の代わりに、自分の中の譲れないものを意識することで、同じように自分を貫けるのではないでしょうか？

何かやってみたいけれど、周りから非難を受けるのは避けたいという気持ちはよくわかります。でも、そのときに「譲れないもの」を意識し、自分はそこに向かって生きていると思えれば、外野の声があったとしても前に進めるのではないでしょうか？

多くの人がやっていることは「やりたいこと」ではなく、なんとなく提示された選択肢の中から選んだものです。建て前の「自分のやりたいこと」を掲げているだけで、心からそれを選んだわけではありません。だからちょっと非難されるとくじけてしまう。気持ちが弱いのではありません。単に、そんなものとは心中できないのです。本当は「そんなの好きじゃない」のです。

体裁を整えた優等生の目標を掲げるのをやめて、自分のフロンティア・ニーズに正直になってみてはいかがでしょうか？

第7章

やりがいなき時代に「自己生産性」を上げる

「もっと頑張る」が正しい選択でないとき

自分が本当に望んでいる状態に向かって行動できれば、いつかその場所にたどり着きそうなものです。一部の人は、建て前を捨て、自分のフロンティア・ニーズに向かってすでに走っています。

ただ、ゴールが適切であればそれでOKかというと、まだそうではありません。定めたゴールに向かって適切に行動していかなければたどり着きません。

そしてここに、もうひとつ大きな落とし穴がありました。

自分の希望が実現していないとき、ぼくらはもっと頑張ろうとします。でもこの「もっと頑張る」は、かなり危ないです。もっと頑張ることが成果につながるのは、確実にその努力の先にゴールがある場合に限ります。つまり、1日5時間の勉強では成果が出ないけど、1日7時間勉強したら確実に成果が出るとわかっている場合にのみ、「もっと頑張る」が正しい選択肢になります。たとえば引っ越しの作業のようなものの場合、もっと作業時間を多くすれば、もっと多くの荷物を運び出せることはほぼ間違いないです。

ただし、ぼくらが望んでいるゴールはそういう類いのものではない可能性が高い。もっと努力すれば確実に成果が出ると信じたい気持ちはわかりますが、時間をかければいいわけではありません。

努力の量を変える前に、いったん立ち止まり、今やっていることの方向性が正しいかを見直さなければいけません。そしてやり方が間違っていたら、変えなければいけません。これまでと同じようにやっていたら、同じ成果しか得られません。もしかしたら、これまでそのやり方でやっていたから成果が出なかった、のかもしれません。

やる気や能力の差だけで結果に差がつくのではない

やり方を検証しようと言うと、多くの人が「もっといいやり方」の情報を集めようとします。もっといいノウハウがあるのではないか、もっと効率的な方法を学べば結果が出そう、と考えて新しい手法に目がいきがちです。

では、うまくいくように「新しいやり方」をどんどん学んでいくことが正解なのかと言えば、実はそうでもありません。

新しい手法を取り入れても、うまくいくわけではありません。ダイエットはその最たる例かもしれません。ダイエットの手法はそれこそごまんと提示されています。しかし、結局のところ、うまくいかない人はどのダイエット法を試してもうまくいきません。逆に、うまくいく人は極端な話どのダイエット法であっても痩せていきます。

何が違うのか？　やる気が違う？　そもそもの自己管理能力が違う？

たしかにその点もあるでしょう。でも、そんなにやる気に差があるのでしょうか？　ダイエットを成功させた人と毎回失敗する人でそんなにやる気に差がありますか？　そんなに自己管理能力に差がありますか？　もしそうだとしたら、ダイエットに成功する人は、他のすべての分野でも成功していないとおかしいことになります。

でも、ダイエットには成功していても、英語の勉強は進んでいなかったり、自分がやりたくないことをついつい先送りしてしまったり、という人はいますね。

やる気や能力に差があるから結果が違う、という説明は一見説得力がありますが、それで話を片付けてしまい、本当の姿を見えなくさせてしまっているとも感じます。

どんなビジネスを始めても、いとも簡単に成功する人がいます。一方で、ずっと同じビジネスを手がけていてもなかなか芽が出ない人もいます。興味深いのは、同じような環境で育ち、同じ学校を卒業して、同じように社会に出た人たちの中でも、この2種類の人がいるということです。

同じようなバックグラウンドを持っていても、もちろん能力は個々人で多少は異なります。ですが、なぜここまで結果に差が出ているのか説明できないこともよくあります。結果の差を、すべて個人の能力の差で片付けるのは無理があります。何か別のものがあるのです。

本書では別の要素にスポットを当ててみます。この「別の要素」こそが、結果を出せる人と、頑張っているのに結果を出せない人の違いを生み出すものだと思います。

「よかれと思ってやっている」から成果が出ない

同レベルの知識と能力があるのに結果が大きく変わるのは、知識や能力以外の「ある要素」が作用しているからです。そして、むしろ結果に影響を与えているのは、知識や能力ではなく、その「要素」です。自分としては頑張っているのにイマイチ成果が出ないのは、その「要素」のせいです。

ぼくらは自分で望んでいる成果に向けて頑張ります。人から見たら努力が足りないと思われるかもしれませんが、自分なりには頑張っています。でも全然成果が出ません。それは、あなたの能力が低いからではありません。頭が悪いからでもありません。根性が足りないからでもありません。なぜ成果が出ないのでしょうか？

それは、**「よかれと思ってやっちまっているから」**です。

たとえばダイエットの話で言えば、痩せるために食事の量を（適量に）減らしましょうと言われますね。人体の構造として、摂取カロリーを少なくして消費カロリーを増やせば痩せていくと、誰もが信じています。おそらくそれは長期的に考えれば正しいでしょう。

そして、痩せたいと思い頑張って食事を抜きます。摂取カロリーを減らせば痩せると考えているので、たとえばよかれと思って朝食を抜きます。

ただ、もしこれが間違っていたらどうでしょう？　ぼくはダイエットに関してはあまり詳しくないですが、食事を抜くことで、より脂肪を蓄えやすい体になるという話も聞いたことがあります。昼食で摂取したカロリーを消費に回すのではなく、「次はいつ食べられるかわからないから」と体が判断して、脂肪として蓄えてしまうというような話です。

この話の真偽はわかりません。でももし「食事を抜くことで蓄えやすい体質になってしまう」のであれば、その人の朝食を抜くという努力は「よかれと思ってやっちまっていること」になります。

職場での部下への指導でも、よかれと思ってやっちまっている人はたくさんいます。「自分の頭で考えられる部下に育てなさい」と本に書いてあります。たしかに、これからの世の中は画一的な正解は減っていきそうですので、自分で答えを出すことが、より重要になります。問い自体も自分で見つけなければいけない時代です。だから、「うちのメンバーも自分で考えられる人になってもらおう」とするわけです。そしてそのトレーニングとして、上司からは何も指示を出さず、放置し続けます。

たしかに部下は毎回自分で考えるしかなくなります。でもこれでは、そもそもの上司の存在意義がなくなりますね。いないのと一緒です。部下は誰にも相談できず、自分で考えた結果、問題を起こしてしまうかもしれません。

また上司が完全に放置していたら、部下は自分で思いつく範囲のことしかできず、外からの刺激によって成長することができません。これでは、逆に成長の機会を奪っていることにもなります。

お金持ちになりたいと思って、ひたすら節約してお金を銀行に預けている人も「よかれと思ってやっちまっている人」です。お金持ちになりたいのであれば、お金の有効な増やし方を痛い思いをしながら学んでいかなければいけません。自分のスキルアップのための勉強に使ったり、いろんな投資にチャレンジしてみたりすることが必要です。でも痛い思いをする勉強は、一時的にお金を失うことが多々あります。それを避けようと、よかれと思ってひたすら貯金をしている。

「お金持ち」がいくらぐらいの資産を持つ人を指しているかにもよりますが、節約して貯めているだけでは、ものすごく時間がかかります。お金持ちになったときには、すでにそのお金を使う元気がなくなっているかもしれません。

世の中にはいろんな場面で「よかれと思ってやっちまっていること」があります。ですが、その人たちは悪くない。その人なりに努力しているし、成果を得たいと頑張っています。そして、うまくいく方法を取り入れているつもりです。

ただ、その努力の方向性がズレているのです。

「よかれと思っていること」は無自覚だから手ごわい

自分自身で努力不足ややり方がしっくり来ていないことを自覚している場合は、自分で見直すことができます。うまくいっていない自覚があるので、検証しながら進めますし、何かおかしそうなところがあれば、すぐに修正しようと考えています。

ですが一方で、**「よかれと思ってやっちまっていること」は、よかれと思っているがゆえに、自分でその間違いに気づきません。**もはや自分の中では前提になってしまっていて、それをするのが当たり前のようにも感じています。

だから、なかなか修正できないのです。

新しい手法を取り入れても、この「よかれと思ってやっちまっていること」は引き続きやり続けます。これは本人の中ではやるのが前提ですから、表面的な手法が変わってもやり続けます。そこに意識を向けて取り入れているというより、どちらかというと当然すぎて無意識的にやっていることです。

先ほどの「朝食を抜いているせいで、脂肪を蓄えやすい体になってしまった人」がいます。この人も自分では頑張っているのですが、いまいち痩せていきません。そこで新しく筋トレを始めました。YouTubeで見つけたエクササイズを毎日頑張ります。でもまだ痩せません。なぜなら、変わらず朝食を抜いているからです。YouTubeで見つけたそのエクササイズが無意味なのではなく、朝食を抜くことで蓄えやすい体になってしまっているので、エクササイズの効果が帳消しになっているのです。

この人が、次に別のダイエット手法にチャレンジしてもあまり効果は期待できません。ベースとして「（朝食を抜くという）よかれと思ってやっちまっていること」があるので、それに足を引っ張られてしまうからです。

「自分で考える部下を育てる」というケースでも同じです。部下を完全に放置している上司が「なぜか部下が育たない」と頭を抱えます。そして採用の方法を変えてみたり、モチベーション管理ツールを導入したりします。しかしおそらく結果は変わりません。

新しい人材がそのチームに入ってきても、相変わらず上司が「よかれと思って放置」していれば、部下は成長しませんし、部下のモチベーションポイントがわかったとしても、上司が「よかれと思って放置」していたら、やがて部下はこのチームのために働きたいとは考えなくなるでしょう。

ダイエットの新手法と同じで、「よかれと思ってやっちまっていること」が前提として足を引っ張っているので、やり方を変えても新しい知識を取り入れても、結果が限定的になってしまうのです。

選択の9割以上は無意識の決めつけによる

ふと自分の行動や判断などを振り返ってみると、その多くが深く吟味せずに選択したことであるのに気づきます。人は1日に3万5000回もの選択をすると言われています。それだけ選択し続けているわけです。そして、そのすべてを吟味して行うことはできません。

ぼくらが無意識に行う選択は全体の95％とも97％とも言われています。どちらにしろ、かなり多くの選択を無意識にしています。この「無意識」というのは、選択したことを覚えていないという意味ではありません。また、サイコロを転がして運任せで決めたということでもありませんね。「無意識に」とは、特段深く吟味せずに選択したという意味です。

ぼくらは自分でもともと想定している「このケースでは、これをやったほうがいい」という認識を持っています。

- スタバでは大きいサイズのコーヒーを買ったほうがいい。
- 何かを勉強し始めるときは、ひとまず本を読んだほうがいい。
- 地方に引っ越したら、まず車を買ったほうがいい。
- 家は買わずに、賃貸で住んでいたほうがいい。
- 子どもが生まれたら、保険に入ったほうがいい。
- 大きな決断をするときには、家族に相談したほうがいい。

などです。

選択の重要度に差はありますが、これらすべてが「よかれと思ってやっていること」です。もちろん適当に決めたわけではなく、そう選択した理由はあります。過去に別のことをして失敗したとか、友人からアドバイスをもらったとか、親の教育がそうだったとか。

たしかに、その選択をする理由としてはもっともな背景があるのでしょう。しかしそれは過去の一例にすぎません。「友達が家を買って大失敗したから、賃貸に住み続ける」というのは、その友達が家を買って失敗したという、たったひとつの例に引っ張られているだけです。家を買った人が全員失敗しているわけではありません。あなたがそのひとつの例から自分で決めつけたわけです。

ぼくらは少なく見積もっても9割以上の選択を、深く吟味せずに「よかれと思って」行っています。深く考える必要がない選択もあるでしょう。同時に本当は吟味しなければいけないものもあるはずです。でも自分の体験や過去に得た知識から、とっさにその選択をします。

毎回毎回、吟味しながら選択をしていくことは不可能だ。そんな声が聞こえてきそうです。ぼくもそう思います。これだけ社会が複雑になっているため、ぼくらが日常生活で「よかれと思って」行動を決めることは避けられないことだと思います。ぼくがお伝えしたいのは、ぼくらは「よかれと思って」無意識的に選択をくり返しているということです。

仮にぼくらが新しいノウハウを勉強し、毎日1時間プラスで頑張ったとしても、それはぼくらが選択しているほんの数%にしかなりません。強く意識することで数%が10%になるかもしれませんが、前提として「よかれと思ってやっていること」が大半を占めたままです。

仕事でも同じです。ビジネスを立ち上げるためのノウハウをいくら勉強しても、前提として「お客さんの百パーセントを感動させる商品じゃなきゃいけない」という考えがあったら、かなり苦労するでしょう。全員を満足させる商品はあり得ませんし、そもそもその商品を作る過程で「β版（消費者の反応を見るために、完璧にする前に公開するサンプル的な位置づけのバージョン）」を世の中に出すこともできません。

日本でディズニーランドを運営しているオリエンタルランドも、2001年にディズニーシーをオープンする際には、正式開園の前に試運転期間を設けました。もちろん「試運転期間」とは言わず、「株主感謝デー」のようにうたっていました。株主とその家族に特典として「特別にオープン前に入れます！」という建て前でしたが、位置づけとしては試運転です。そこでスタッフを慣れさせ、アトラクション運営がうまく回るか確認していたのです。

ですが一方で、「中途半端なものは出してはいけない」という意見もあります。もちろんそれも一理あります。一理ありますが、その考え方を暗黙の前提で持ってしまうと、よかれと思って商品を完璧にしようとします。完璧にしてから発売しようとします。そのビジネスは立ち上げるのにものすごく時間がかかってしまいますね。

ぼくらは「よかれと思って」成果が出ないやり方をなかば自動的にしてしまっています。

ぼくらが行う選択の大半がこの「よかれと思ってやっていること」です。

もちろんその「よかれ」が正しいこともあります。そして、間違っていることもあります。問題は、大半の選択をぼくらは吟味して行っているわけではないということです。

過去の成功体験が情報の行間を読み違えさせる

よかれと思ってやっていることには、過去の自分の経験から植えつけられた「誤解」が含まれています。とはいえ、誰も自分から誤解しようとは思っていません。好き好んで間違ったやり方をしたいと思っているわけではありません。

また、その選択は百パーセント間違っているわけではなく、ある場面では正しい選択だったのです。その場面で正しい選択だったので、ぼくらはそれを「正しい考え方」として取り入れました。でもその考え方で別の場面で行動すると「間違った選択」になってしまう。これはどういうことなのでしょうか？

これも結論から言いますが、ぼくらは情報の行間を読み間違えたのです。

学校で何かを教わるときも、本で学ぶときも、情報には必ず「行間」があります。つまり、すべての情報がそこに言語化されているわけではなく、「語られない部分」が必ず存在しています。もしくは、いろいろな前提条件をもとに理論を語っていることもありますが、その前提が百パーセント言語化されることはありません。

その語られない部分を、ぼくらは自分の過去の経験から穴埋めして理解します。ここでぼくらは誤解し、解釈を間違えてしまうのです。

たとえば、歯磨きについてもそれがあります。寝る前に歯を磨きましょう、食事のあとにも磨きましょう、などなど、歯磨きについてぼくらはかつて教えてもらいました。でもその際に、歯ブラシを持ったときの力の入れ方までは教えてもらわないこともあります。どのくらいの力で歯を磨けばいいかは、ポイントとして語られないことがあります。

そのときにぼくらは行間を読みます。汚れを落とすために歯を磨くので、汚れが落ちるくらいの力じゃないとダメだなと自動的に考え始めます。誰からもそんなこと言われていないのに、自分のそれまでの経験に自動的に照らし合わせて考えていきます。

その結果、歯を磨くときに力を入れすぎている人が大半のようです。歯医者さん曰く、正しい歯の磨き方は、歯を磨く（こする）というより、歯ブラシの先を歯に当てるくらいだそうです。歯ブラシの毛先が歯や歯と歯のあいだに当たらないと意味がないそうで、力を入れると歯ブラシの毛が寝てしまいちゃんと磨けなくなるようなのです。

でもぼくらは「磨く」という言葉から、雑巾がけや窓ふきと同じように力を入れてごしごし研磨するイメージを持ちます。だから誰からも何も言われていないのに、「よかれと思って」ゴシゴシ磨くのです。

誰からも何も言われていないのに「よかれと思って」力を入れています。力を入れるのが当然でしょ？　と思っているので、もはやそこに疑問は持ちません。歯ブラシを変えたり、より長く歯磨きをして虫歯予防を試みますが、相変わらず力は入れすぎています。

ツールを変えても、新しいノウハウを取り入れようとしても、「よかれと思ってやっちまっている」ことがあると、全体の足を引っ張ってしまいます。そして、なかなか成果は上がりません。

自分を無意識に方向づける自分の言葉に注意

ぼくらは自分が使っている言葉にかなり影響され、使っている言葉から思考を制限されています。

かつて、「会社員を辞めて独立したら、一家離散」と言われていた時期がありました。独立をして借金をし、事業がうまくいかなかったら借金取りに追われて一家離散になってしまう、だから独立なんてするもんじゃないという理屈です。

でもこれは事実ではありません。「独立＝一家離散」ではありません。そう煽《あお》っている人がいるだけで、独立したらもれなく一家離散するわけではありません。

そもそもこのロジックはだいぶおかしいです。たしかに「会社員を辞めて独立をして一家離散」になっちゃった人もいます。でもそれは超レアケースでしょう。

会社員を辞めて独立をしても、借金をしなければ借金取りに追われることはありません。借金をしても、それが通常の銀行であれば、映画やドラマに出てくるような借金取りは来ません。そして借金取りが来ても、自己破産をすれば返済義務はなくなるので、一家離散にはなりません。

なのでこの「会社員を辞めて独立したら、一家離散」とは、

- 独立して、借金をして事業を経営していた。
- その事業が失敗した。
- その借金を、借金取りが来るような闇金から借りていた。
- 言い方を変えると、借金の仕方がわからず、すぐに闇金から借りてしまった。
- もしくは、通常の銀行が貸してくれなくなるまで失敗を重ね、さらにそこまで行っても再就職せずに自分の事業にこだわった。
- 自己破産制度を知らなかった。

という条件にすべて当てはまる人が直面した状況です。不幸にもそういう人はいたかもしれません。でもそれを例に出して「だから独立は危険だ」というのは暴論です。

要は、事実として独立が危険なのではなく、独立するとそういう運命になるという想定をしている人にとって、会社員を辞めることが危険に見えるだけです。

そして独立は危険だという人は、そう思っているがゆえに、独立をしようとしません。さ

らに、独立して失敗した事例を目にすると、鬼の首をとったかのように「だから言っただろ」と興奮し始めます。そしてその言葉を使っている限り、その人はずっと独立することはないでしょう。

とはいえ、その「独立したら、一家離散」派の人が現状を正確に認識する能力がないとも言いきれません。その人も、好き好んでそう思い込んでいるわけではなく、過去にそう考えてしまうような出来事を目にしたり、信頼できる立場の人から刷り込まれたりしたわけです。本人の能力とは無関係に思い込まされることもあり得ます。

ただ残念ながら、その人の「決めつけ」がその人をつくっているし、その人が持っている「決めつけ」が、その人の人生を決めています。その決めつけから出てくる「よかれと思ってやること」がぼくらの9割以上の選択を決めてしまいます。

だとしたら、ぼくらがやるべきことは、まず自分がどんな決めつけをしているかを自分で知ること、そしてその決めつけをやめ、同時に「よかれと思ってやること」を変えることです。

第8章

よいシナリオを持てば、今が変わる

100万円の売り上げをどう上げるか

日常生活で、ぼくらは無数の因果関係をイメージしています。意識的にも無意識的にも「これをやったら→こうなる」と決めつけて考え、行動しています。

このような暗黙のうちに「こういうものだろう」と想定してしまう内容は、心理学用語で「スキーマ」といい、ぼくらが普段生きていくために欠かせないものです。ぼくらは過去の経験から学んだことを、無意識レベルでたくさん蓄えています。だから、新しい状況に直面しても「これはこういうもんだろう」と想定しながら動くことができるわけです。

たとえば、日本で電車に乗った経験があれば、初めて行く外国の電車も、なんとなく乗り方はイメージできます。切符が必要なんだろうな、電車は決まったホームに来るんだろうな、電車が来る時間は時刻表を見ればわかりそうだな、電車の中は「自由席」で、空いてるところに座ってよさそうだな、などなど、誰にも教えてもらっていないのにイメージできますよね。

海外の電車の乗り方について説明を受けていないのにイメージができるのは、過去の経験から身につけた「スキーマ」があるからです。

逆に自分が持っているスキーマと全然違うことが起きた場合、かなり困惑します。20年ほど前、ドイツで地下鉄に乗ろうとしたのですが、改札がなかったのです。切符を買ったけどそれを通す自動改札がない。ホームまで素通りだったのです。これにはかなり混乱しました。想定したことと違ったので、このまま電車に乗っていいのか相当迷いました（当時、ドイツでは電車の中を頻繁に車掌さんがチェックしに来ていて、そこで切符を見せる方式でした）。

ぼくらの行動の中で、自分で明確に意識して判断していることは少ないです。ほとんどの判断は、「これってこういうものだよね」という想定で処理しています。

となると、明確に意識して行っている行動だけを変えたところで、自分の行動のほんの一部を変えているにすぎない、ということになります。そして意識して変わる部分は、ほんの一部にすぎないため、結果を変えることができないのです。

たとえば、「商品を買ってもらいたければ、自分から売り込まなきゃいけない」という想定を持っている人は、どんなマーケティングのノウハウを身につけても結局「商品を売り込む」という行為を、いたるところでやってしまいます。売り込まなきゃいけないと思っているので、自分の商品のことを相手に伝えるばっかりで、相手のことを考えずに「この商品はここがいい」「この商品はお得です」と言いまくってしまいます。

一方で、「商品を買ってもらいたければ、興味を持ってくれる人を探せばいい」という想定を持っている人は、売り込むことではなく、自分の商品にあった人を探し続けます。目の前の人を説得するのではなく、相手の話を聞いて「自分の商品に興味を持ってくれる人なのかどうか」を見極めようとします。

これは仕事の仕方に関しても同じです。慣れてくればくるほど、ぼくらは自分の仕事を「暗黙の想定や決めつけ」をベースにこなすようになります。

たとえば、今月、100万円の売り上げを上げようと計画したとします。みなさんは100万円を売り上げるために何をしますか？　100万円のイメージがなければ、10万円でもいいです。ビジネスをするために何をするかを想像してみてください。

想像できたでしょうか？　それはみなさんがもともと持っている想定によるものです。

ある人は、「友達に連絡して、興味を持ってくれる人を探す」と考えるかもしれません。社会人になりたてのとき、保険会社やカード会社に就職した大学の同期から頻繁にご飯の誘いがありました。ぼくは仕事がかなり忙しかったので会えませんでしたが、保険に加入してもらいたくて誘っていることはすぐにわかりました。彼は「お客さんになってくれる人をゼロから探すのは時間がかかる。今月売り上げを上げるためには、すでに信頼関係ができている人に話すほうが早い。まず頼みやすい友達に話を聞いてもらえればいいだろう、友達だったら買ってくれるだろう」という想定を持っていたということですね。

一方で、今月100万円を売り上げるんだったら、メルマガを配信しようと考える人もいます。「メルマガ読者に自分の商品の価値と必要性を語り、ホームページに誘導しよう。そうしたら2％の確率で買ってもらえるから、メルマガ読者は500人いればOKだな。メルマガ読者を500人集めるためには……」という流れで考えていく人もいます。

これもその人が持っている想定です。

どちらがいい・悪いという話ではなく、みんな自分が持っている想定に従って行動を決めているということです。そして、自分が持っていない想定は実行できないということです。

「暗黙の決めつけ」で失敗したときは自分を責めない

世の中には、自分が狙った結果を得ている人もいれば、なかなか成果が出せない人もいます。何が違うのかと言えば、自分が暗黙のうちに持ってしまっている想定・決めつけが違います。つまり、「よかれと思ってやっちまっていること」が違うのです。

もちろん、人によって能力は多少違いますし、持っているノウハウにも差があるでしょう。でもそれは意識しているほんの一部の行動に差が出るだけです。ぼくらがしている行動のほとんどは意識せずにやっています。この部分を変えなければいけない。

要は自分が思い込みでやっていることを自覚し、修正していかなければいけないということですが、これは非常にしんどい作業ですよね。誰でも「あなたには思い込みがある」と言われていい気分はしません。しかもその思い込みを指摘して反省を促されるのは、もっとしんどいです。

本書ではそれはしません。反省するというより、逆に自分を褒めてもらいます。というのは、あなたがよかれと思ってやったことは、そっちのほうが成果が出るだろうと考え、能動的に努力してやったことだからです。方向性はズレていたかもしれませんが、積極的な姿勢で取り組んでいたものです。

なので反省なんてしなくていいです。ぜひ自分の努力を褒めてください。そして自分を褒めたあとで、方向性をチューニングしましょう。

「よかれと思って」逆効果だったことを洗い出す

自分がよかれと思って何をしてきたかは、自分が「これは当然やらなければいけない」と思っていることを洗い出すことで明らかになります。

ダイエットをしようと頑張っている人は、自分の中で「痩せるためには、当然こんなことをしなきゃいけない、こんな状態にならなければいけない」と思っています。たとえば、

- ダイエットをするんだから、おやつは我慢しなきゃいけない。
- ダイエットをするんだから、運動をしなければいけない。
- ダイエットをするんだから、摂取カロリーは抑えないといけない。
- ダイエットをするんだから、夜8時以降は何も食べてはいけない。

などなど、特にダイエットの指南書に書いてなかったとしても「そういうものでしょ」と考えている項目があります。そして、あなたは痩せるために頑張ってそれを実行しています。

自分が「当然のこと」と思って結果を出すためにやっていることがあります。その中に、じつは成果につながらないこと、さらには逆効果になってしまうことがあります。

たとえば、ダイエットをするんだったら運動しなければいけないと思っている人は多そうです。しかも毎日継続することが大事と思っていそうです。ですがその項目、ダイエットの専門家は指摘しているのでしょうか？　もしくは自分が目指すダイエットの手法として取り入れるべき項目なのでしょうか？

「人による」というのが、ここでの正解かもしれません。ただ、ぼくが今通っているパーソナルトレーニングジムでは、運動（筋トレ）は週1でもOKと指導されています。そして現にそれでぼくが欲しい成果はちゃんと出せています（ベンチプレスで上げられる重さは1年で55キロ→108キロと増え、体脂肪率は約5％減りました）。

じつはかつて、我流で減量しようとしていた時期がありました。そのときには毎朝起きてから30分、家の周りをランニングしていました。結構汗をかきますし、とても「やっている感」があります。しかし、毎日30分ランニングしても、消費カロリーは思ったほど高くありません。ぼくの場合、30分のランニングで消費できたカロリーは、おにぎり1個分程度でしかありませんでした。お昼でごはんをお替わりしたらそれでプラマイゼロです。

これはあくまでもぼくの例ですが、誰しもこのような勝手な思い込みがあります。まずは「自分の当たり前」をものすごく細かく洗い出してみることをお勧めします。

ふたつの具体事例で「思い込み」が検証できる

自分の中の当たり前をリストアップします。最初はなかなか大変な作業ですが、たとえば30個出してみてください。人に会ったら挨拶をする、毎日会社に行く、など自分が「こんなことは、わざわざ言うまでもない」と思っていることを30個出します。

これで終わってしまっては、またその当たり前をくり返すだけです。ぼくらは過去の経験や知識から「これは当然やらなければいけないもの」と思い込んでいます。そのため、眺めているだけでは「全部正しい。私には『よかれと思ってやっちまっていること』はなかった」と判断してしまいます。

そうならないため、ここで改めて客観的に見る必要があるわけです。

ものごとを判断するときに主観的な視点が善とされることは少ないです。「主観的」はどちらかというと「思い込み」と同じような意味で捉えられることもあり、あまり評価されません。できるだけ客観的に分析して、客観的に判断することを求められます。

そのため「論理的に考える癖をつけよう」「ファクト（事実）をベースに考えよう」と言われることがよくあります。ですが、ぼくはこれらの考え方に反対です。もし「主観的＝思い込み」という意味で使われているのであれば、論理的に話そうとしても、ファクトベースで判断しようとしても、自分の思い込みから抜け出すことはできないからです。

というのは、世の中には自分の思い込みが正しいと言える論理を組み立てたり、自分の思い込みが正しいと証明するようなデータ（自分の思い込みを正しいと証明するために都合のいい事実）を持ってきて「ほらね」と語っているケースがあるからです。というか、ほとんどがそのケースではないでしょうか？

裁判でもそのようなことが起こりますね。おたがいに論理的に、事実を集めて争います。

注意していただきたいのは、論理的に話を組み立てても、事実を集めても、「自分が正しい」という主張は変えないという点です。

つまり、自分の結論は変わっておらず、自分に都合がいい話を持ってきているだけなんですよね。裁判はそういうものかもしれませんが、ビジネスでも同じことが起きていると思いませんか?

まず結論として考えていることがあり、自分の中でそれを信じきっている。そしてその信じている内容を正しいと裏づけるような論理・データをあとから持ってきます。ここで自分の考えと相反するデータが出てきても「そのデータは間違っている」「それは異常値だから考慮するべきではない」とはねのけます。

論理的に考える、ファクトベースで考えることが有効なのは、自分が持っていた結論と違うものが出てきたときに、判断を変えられる場合のみです。

とはいえ、それはかなり難しいことです。もともと何のこだわりもない分野であれば簡単かもしれません。でも、自分が強くこだわりを持っている分野では、なかなか違う結論を受け入れづらいです。特に、これまで「よかれと思って」きたことを覆すのはなかなか大変です。

ではどうすればいいのかと言えば、解決策は**「自分の主張に当てはまらないケースを探してみる」こと**です。

たとえば、自分が「成功するためには、朝型になることが必須。当然早起きをしなければいけない」と考えて、よかれと思って毎朝5時に起きていたとしましょう。この「朝型が必須」という考えが正しいのか、思い込みなのかは、「当てはまらないケース」を探すことである程度気づくことができます。

朝5時に起きると眠くて何も手につきません。でもあなたは「成功するためには朝の時間を有効活用することが大事」という思い込みを持っていますので、成功するために頑張って朝5時起きを続けようとします。

もちろんそのスタイルがあなたにマッチしていたら、何の問題もありません。でもマッチしないこともあります。実際ぼくはずっと早起きが苦手でした。受験勉強をしていたときは、夜より朝のほうが勉強効率が3倍もいい！　と聞いて、朝型に切り替えようと何度もチャレンジしました。でも結局、朝は勉強効率は上がらず、夜型に戻しました。

自分が思い込んでいた内容で成果を上げている人はいるでしょう。でも、違う2パターンもあります。

1. 自分が思い込んでいる内容をやっているのに、成果が出ていない人。
2. 自分が思い込んでいることと違うことをやって、成果を出している人。

が必ずあるのです。

自分が当たり前と思ってやっているリストを見たら、そのふたつのパターンの具体事例を頑張って探してみます。

朝型にしているのに、成績が上がっていない人といったら、誰だろう……。

夜型なのに、成績が上がっている人には、誰が当てはまるだろう……。

この2パターンの具体事例を見つけることができれば、自分がよかれと思ってやってきたことが「単なる思い込み」だったことに気づくことができます。その具体事例はイレギュラーなケースかもしれません。でも、イレギュラーだろうが何だろうが、存在しているということに気づくことが大事です。1例でも存在していれば、自分の主張が当てはまらないケースがあるということがわかります。自分の想定が百パーセント正しいわけではない、と気づくだけで思い込みから抜け出しやすくなります。

また、営業職はお客さんに顔を見せることが仕事と捉えて、「そりゃ、日々お客さんの会社に行かなきゃいけないでしょ。営業なんだから」と考えている人は、

1. 日々お客さんを訪問しているのに、営業成績が上がっていない人。
2. お客さんを訪問していないのに、いい営業成績を上げている人。

を探してください。自社の中だけではありません。別の会社、別の業界からも探してください。

好きなことをしてお金を稼ぐことはできないから、嫌いな仕事でも会社員を続けなければいけないと思っている人は、

1. 嫌いな仕事でも会社員を続けているのに、お金がさほど稼げていない人。
2. 好きなことをやっているのに、ちゃんとお金を稼げている人。

を探してください。ちなみに、ぼくの周りには自分の好きな領域でしっかりお金を稼いで

いる人がたくさんいます。「好きなことではお金が稼げない」という考えが単なる思い込みだとすぐ気づくことができます。

ジョブズのアイディアからゴールにいたる「シナリオ」

ぼくらの頭の中には、過去の経験から得たスキーマが無数に存在しており、それをもとに行動しています。しかし、その中には「よかれと思ってやっちまっていること」が含まれています。むしろゴールから遠ざかってしまうような行動があるわけです。

自分の思い込みを検証し、他にも道があることを自覚するのが第一歩です。しかし、それだけでは変われません。新しい選択肢が見えたとしても、その選択肢を採用したとして、そのあと続けて何をしていけばいいのかわからないからです。

アイディア（発想）が有効だといいますが、そのアイディアが「点」で終わってしまっては意味がありません。

たとえばビジネスでも、何かアイディアをひらめきなさいと言われます。そしてよいアイディアを思いついたとします。本人は「よし、いいアイディアを思いついた！」と喜ぶのですが、それ単発では機能しません。

そもそもアイディアというのは、何かと何かの掛け合わせのことをいいます。例としていちばんわかりやすいのがiPhoneかもしれません。iPhoneは電話とインターネット、携帯音楽プレーヤーなどを合わせたものです。iPhoneは非常に画期的な商品です。爆発的に売れました。ただし、そのiPhoneの商品アイディアを思いついただけではビジネスにはなりません。

そのアイディアをどう形にすればいいかが自分で見えていなければ、その先に行けません。単純な話で言えば、携帯音楽プレーヤーと電話を合体させて、タッチパネルで操作できる小型機械を作ろう！　と思ってもそれを作ってくれる工場を見つけられなければ話が進みません。その前に、アイディアを機械的に設計してくれる人を見つけられなければどうしようもありません。

ジョブズも最初の最初はそんなことは知らなかったと思いますが、ジョブズはその人たちを見つける方法をイメージできていたはずです。だから実行できました。

さらに、プロモーションの仕方がまったくイメージできていなければ、作ったところでビジネスになりません。この商品をこういう人たちに伝えて、ここでこの値段で売る。さらにはここでプロモーションをしてこういうふうに購買につなげていくという「行動の一連の流れ」が想定できていなければ行動はできないのです。

アイディアが「点」の場合、現実社会を変えることができませんし、誰かにメリットを及ぼすことができません。どうやってそのアイディアを価値につなげていくか、アイディアを使って価値を生み出していくかということがわかっていないと、ビジネスにはならないのです。


ぼくらの仕事の仕方も同じです。仕事を円滑に進めるノウハウとして、いろんなことが語られています。チームでこういう意見を出し合おう、メンバーにこんな感じで声かけしよう。プロモーションに関しても、メルマガを発行したほうがいい、SNSで発信したほうがいい、YouTube番組をやったほうがいいなどなど。

もちろん、それはそれで大事なことだと思います。社内のコミュニケーションを活性化させるための方法は知っておいたほうがいいし、メルマガやSNSで発信することで実際に売り上げを上げている企業もたくさんあります。

ただ、単に「YouTubeをやればいい」だけだと、それは「点」です。確かにYouTubeをやることは効果があるのですが、YouTubeからどうやってビジネスや仕事につなげるかを知らなければ、YouTubeに動画を投稿して終わるだけです。

一方で、YouTubeを活用して自分の好きなビジネスをしている人たちもたくさんいます。その人たちも一見同じようにYouTubeに動画を投稿していますが、じつは一連の流れを想定して動画をアップしています。

視聴者がちょうど悩んでいるテーマについて、動画を作り、

↓その悩みを解決するための答えを動画で見せます。

↓（でも視聴者は、自分ひとりでどうやったらいいのかわからない）

↓「あなたも解決したい場合は、うちにお問い合わせください」

と自社にリンクを張ります。

簡単に伝えると、こんな流れです。もちろんこれは一例です。要は、**選択肢を「点」で捉えるのではなく、そのあとの行動の流れを一緒に仕込むことが不可欠なのです。**たまに、「部下にアイディアやヒントをどんどん渡しているのに、全然行動しない」と嘆くマネージ

ャーがいますが、もしかしたらそれは部下の中で「一連の流れ」になっていないのかもしれません。点だけ教えても相手は動けません。

この行動の一連の流れを「シナリオ」と呼びましょう。「最初にこれをやる、その次にこれをする、そうすると次にはこういう状況になるから、最後にこれをやる」という一連の流れが「シナリオ」です。

ご長寿時代劇「水戸黄門」は毎回決まった「シナリオ」がありますね。最初に悪者が出てきて、その悪者の被害を受けている人がいる。そこに黄門様一行がやってくる。黄門様が悪事を暴き、悪者をやっつけて、「この紋所《もんどころ》が目に入らぬか」で終わる。これがお決まりの「シナリオ」です。

ぼくらは「シナリオ」を想定できているから、仮に水戸黄門の演劇をやりなさいと無茶ぶりをされたとしても、なんとかこなすことができます。次にやるべきことがイメージできるからです。

慣れている仕事を再度依頼された場合、特に慌てることはありません。それはその仕事のシナリオ（やる手順）がすぐにイメージできるからです。やったことがなくても、その手順をイメージできる場合は、「やったことはないけど、たぶんできます」というリアクションになります。

逆に、とても簡単な作業であっても手順がまったくイメージできない場合、フリーズしてしまい、一気にストレスを感じます。

「売り上げを上げるために、説明会をオンラインで開催してお客さんを集めてください」と言われたとします。ぼくは日常的にオンライン説明会をやっているので、説明する商品が何であれ、すぐに段取りをイメージできます。そして、実際にすぐに開催できます。オンライン説明会の開催手順をイメージできない人は、いくら商品知識があっても、話し上手であっても、開催する難易度が上がります。

話すスキル、プレゼン資料を作るスキルはあっても、オンライン説明会を開催するシナリオを持っていないと次に何をしていいかわかりません。だから行動できません。

ぼくらに必要なのは、いろんなケースにおいていろんなシナリオを知っておくことです。

複数のシナリオを他人に学び自分の武器にする

とはいえ、シナリオはその辺に転がっているわけではありません。簡単に自分で思いつくものでもありません。なので、外から仕入れるのです。人から話を聞いたり、本を読んだり、研究したりして、うまくいっているシナリオを仕入れます。筋のいいシナリオを仕入れれば、筋のいい行動ができるようになります。

人からアドバイスをもらうときには、何をすればいいかだけではなく、それをどうつなげるか、そのあとに何をすれば成果につながるかも含めて聞くべきです。そうすれば次に何をすればいいかをイメージでき、行動できるようになります。

何のために教育を受けるのか、何のために勉強をするのかという問いがあります。ぼくはこれまで「将来に向けて選択肢を増やすため（選択肢を残すため）」と考えていました。でも最近、それは違うかもしれないと感じています。

勉強して、将来の選択肢が増えても、その選択肢の「先」にあるシナリオが見えていなければその道を選べません。現実にほとんどの人は、自分がいろんな選択肢を持っていることに気づいていてもそれを選ばず、お決まりのレールに乗っかります。

中学を卒業して高校に行く以外にも道はありましたし、大学に進学するときも日本の大学である必要はまったくなかった。海外に留学してもいいし、なんなら大学に行かずに専門学校でもよかったし、ビジネスの勉強をしてもよかった。さらには海外で就職したり、移住することも現実的に可能で、多くの人はその選択肢の存在を知っています。でもそうする人はごくわずかです。

それは、その選択肢を採用したときに、将来自分がどうなるか、たとえば学校を卒業したあとに何をすればいいかがイメージできないからです。選択肢はあるけど、その先のシナリオが見えないと、道が途中で途切れているように感じます。だからその選択肢は取れない。

大事なのは選択肢ではなく、シナリオなのです。

「学生に戻って就職活動するとしたら、どんな会社に入る?」

そのような質問をされると、各自思い思いに好きな業界を語るでしょう。そして、「なんであのときに気づかなかったんだろう」と嘆いたりします。しかし本当は「気づかなかった」ではなく、「知らなかった」が正しいです。

学生のときに、その業界があったことを認識していたとしても、それほど魅力的に映らなかったのは「魅力に気づかなかった」のではありません。「その業界に入ったら、自分がどんな働き方になり、どんな仕事をすることになるのか知らなかった」が正しいです。

ぼくは学生のときに初めて本を書きました。本というより、お手製の冊子のようなイメージでしたが、これが学生のあいだで大ベストセラーになりました。そして、学生にとってはかなりの金額を手にすることができました。

しかしぼくは物書きを職業にしようとはみじんも思っていませんでした。おそらくそのまま継続すれば、サラリーマンでもらっていた給料より多く稼ぐことができたでしょう。でも当時のぼくは、「作家で食べていくシナリオ」を持っていませんでした。

本は書けます。書くネタもたくさんあります。書いて、大学生協で販売することもできます。でも想定できたのはここまでです。そこからどう発展させればいいのか、その作家の経験を活かしてどうステップアップすればいいのか、まったくわかりませんでした。


そのシナリオは、今ならわかります。

ぼくは作家の経験を活かして、自分で出版社を立ち上げました。また作家であり出版社経営者という立場から、本を出したい人に向けたコンサルティングビジネスをしています。数多くの著者（候補）の出版企画を添削し、延べ1000冊以上の本をプロデュースしてきました。出版社の内情を知りつつ、原稿も書ける人は日本にほとんどいませんので、ぼくのコンサルティング会社は圧倒的な実績を出せています。

ぼくがこのシナリオを当初から持っていたら、就職はしなかったと思います。作家として経験を積んだあと、出版社を立ち上げ、そのあとセミナー・コンサルティングビジネスを始める、というシナリオがあれば、最初からできていました。でも、当時のぼくにはそのシナリオがありませんでした。

一方で企業に就職する方法は知っていましたし、就職したあとの人生もなんとなくイメージができました。そっちのシナリオは持っていたのです。だから作家としての道ではなく、就職を選んだのです。

成功者とつきあうと、なぜ自分も成功できるのか?

自分が普段つきあう人たちの年収の平均が自分の収入になる、という話を聞いたことがあるでしょう。親しくつきあっている友人・知人の年収が1億円であれば、自分の収入もそこに近づいていきます。逆に、年収が低い人たちの中にいると、自分の収入も低くとどまります。

年収が低い人たちの中にいて自分の収入が低くとどまるのは、「運気が下がる」とか「相手が疫病神《やくびょうがみ》」とか、そういう話ではありません。

収入が低い人たちは、収入が低くなる考え方と行動をしているから収入が低い。そして、その人たちと同じ時間をすごしているということは、自分も徐々にその考え方と行動に染まり、同じようなことをしてしまうから収入が低くとどまる。

一方で、成功している人たちの中にいると、成功者マインドと成功する方法を直に学ぶことができ、自分の基準が変わる。だから成功者の近くにいると、自分も成功できる。

と、よく言われていますが、ぼく自身この説明ではいまいち納得できませんでした。周りにいる人が成功していたら自分も成功するのだとしたら、大谷翔平やイチロー、マイケル・ジョーダンと一緒に練習していた人は、みんなそのレベルに達していないといけないはずです。プロスポーツ選手で落ちこぼれる人がいることの説明ができません。

プロスポーツ選手はその分野で超一流の人たちが集まっているはずです。その中にいたら成功者に囲まれていることになりますね。当然練習方法もわかるし、考え方も取り入れられるはずです。でもドロップアウトする選手はいます。それが説明できない。

成功者の中にいると、たしかに自分も成功できるようになる。この点はぼく自身、身をもって経験しました。しかしそれは成功する方法を直に教えてもらえるからではなく、基準が変わるからでもない。ぼくが思うに、**成功者の中に入って成功できるのは、自分でも気づかないレベルの些細な「シナリオ」が変わるから、そして自分が結果を出すために「よかれと思ってやること」が変わるからです。**

ぼくが大好きな『金持ち父さん　貧乏父さん　アメリカの金持ちが教えてくれるお金の哲学』（ロバート・キヨサキ・著、白根美保子・訳、筑摩書房）という本があります。一見すると不動産投資を勧めている本ですが、ビジネスの考え方や人生が豊かになるための思考が書かれており、ぼくにとってはバイブルのような本です。その本の中で、お金持ちになる人とそうでない人の違いがいろんな表現で説明されています。

「その人の経済状態を知るには、その人が使っている言葉を見ればいい」

「勝者のコンテクストと敗者のコンテクストがある」

これらはつまり、その人が出す結果の差は、その人が暗黙で持っている「シナリオ」の差ということだと考えられます。

たとえば、幸せになるためには安定した仕事がないといけない（安定した仕事→幸せな人生）と無意識に決めつけ、そういうシナリオを持っている人は、安定した仕事に固執し、何が何でも会社を辞めないという決断をしたりします。

一方で、幸せになるためにはお金よりも自分の自由な時間を持つことが不可欠と思っている人（自由な時間がある→幸せな人生）は、自分の時間をより確保するために会社を辞めるかもしれません。

どちらが正しい・間違っているということではなく、自分が暗に持っているシナリオによって自分の行動が変わるということです。

ぼくらは生きていく中で、無数の因果関係を想定しています。つまり、いろんな場面で「これをやったら→こうなる」という因果関係の組み合わせをあらかじめ想定として持っている。因果関係を意識して行動していることもありますが、ほとんどは自分でも気づかないうちに無意識に決めつけてしまっています。

つまりは、ぼくらが自分で意識して変えられるのはごく一部だということです。どんなノウハウを身につけても、ぼくらがそのノウハウをもとに変える行動は割合的にはほんの少しです。大半は自分がもともと持っている想定に基づき「よかれと思って」行動します。その「よかれと思ってやっていること」を変えない限り、結果を変えることはかなり難しくなります。

勝者のシナリオを思い描くと失敗も乗り越えられる

勝者のシナリオを持っている人は、そのシナリオをイメージして動き、そして結果が出るまで辛抱強く続けます。イチローや大谷翔平選手が凡打で終わってもバッティングフォームを変えないのと同じで、勝者のシナリオを持っている人は、結果が出るまでそのシナリオで戦います。だから結果的に勝つのです。

頭の中に、ゴールへのシナリオがある人は、それに従って行動できる。

そして頭の中にゴールへの質のいいシナリオがある人は成功の確率が高くなり、成功までにかかる時間が短くなる。

さらに頭の中にゴールへの質のいいシナリオが多数ある人は、ゴールにたどり着く前から自分が成功することを知っている。

ゴールへのシナリオを自分ひとりで描ける人は多くはいません。大半の人は、本で読んだり、誰かから教えてもらったりしていろいろなパターンのシナリオを知ることになります。だから環境が大事なのです。

シナリオには質がいいものだけでなく、質が悪いものもあります。そして質の悪いシナリオをインプットされた人は、そのシナリオを常にイメージするのでその事柄について消極的になります。また、重い腰を上げてそれに取り組んだとしても、いい打ち手を知らないので、筋の悪い行動をとり続けてしまいます。よかれと思って、いろんな悪手をくり出してしまうのですね。

結果的に、成果は出ず、「だから最初からやりたくなかったんだよ」と強く後悔します。こうなると新しいシナリオを仕入れることにも、抵抗感を持つようになります。

また、シナリオを持っていない人は、何をしていいかわからないため、まさに「まったくイメージできません」という状態になります。

会社員として超優秀なのに、ビジネスを立ち上げるシナリオを持っていないと「自分でビジネスをするなんて無理」という感覚になります。もしくは、起業の失敗パターンをシナリオとして持っている人は、現実社会で起業して失敗した例やマイナスポイントに注目し、自分でビジネスをするなんて無理というシナリオの「正しさ」を確認していきます。

結果的に、自分が持っているシナリオどおりに動いているわけです。

あなたのシナリオは？

ここで改めて、あなたに問いかけたいです。

「働き方改革が達成できたら、あなたは自分の仕事にやりがいを持てるようになりますか？」

あなたの今の仕事を、今の延長で続け、効率よくできるようになったら、あなたは望んでいる場所にたどり着けるでしょうか？ 来年のあなた、5年後のあなたは、今と比べて満足感が高い生活を送っているでしょうか？

世間体を気にする気持ちはわかります。ぼくも炎上なんかしたくないし、周囲から賛同を得ながら生きていきたいとは思っています。でも、人目を気にして掲げた分野には、もう十分時間を使ってきましたよね。

企業が人目を気にしながら掲げたビジョン、ミッションの分野では、もはややるべきことは残っていません。毎日重箱の隅を磨くような仕事しか残っていないのです。

いい加減そろそろ、ぼくらは猫をかぶった無難な優等生をやめ、自分が目を背けてきたフロンティアに進むべきではないでしょうか？

もしかしたら、今のあなたは思い込みに支配されているかもしれません。

それはやりたいけど、無理でしょ。それを実現させるためには、当然これをしなければいけないでしょ。下積みとして20年企業勤めをしなければいけない、会社員でいるあいだにお客さんを100人見つけておかなければいけない、現金で1000万円貯めておかないといけない。それをやらないと、自分が本当にやりたいことなんて目指せないでしょ。

そう感じているかもしれません。

あなたの気持ちはわかります。しかし一方で、それをしていなくても自分のフロンティア・ニーズを叶えてきた人たちが実際にいます。

その人たちとの違いは、知識や能力ではありません。暗黙のうちにぼくらが持っている「よかれと思ってやること」が違い、持っているシナリオが違うのです。

ぼくらはこれまで、知らないあいだに、ゴールと、そこまでの行動の選択肢を他人から与えられ、その選択肢の中から選んできました。何になりたいかも与えられた選択肢の中から選んできましたし、そこに向けて何をすべきかという行動プランも周囲から刷り込まれ、「よかれと思って」それを実行してきました。


自分が本当に望んでいる方向に向かい、自己生産性を高めるために必要なのは、能力や決断力ではありません。世間の目を気にしすぎるのをやめて、目を背けてきたStay foolishな自分を受け入れることと、そこに到達するための道筋を、周りにいるStay foolishな人たちから学ぶことです。

おわりに

現状、日本の就労者の約90％が会社員です。その人たちが自分の仕事を好きじゃない、毎日嫌なことをやっているっていう状態が、正しい社会の在り方だとはぼくには到底思えないのです。

考えてみると、ぼくらは労働者でありつつ、一方で消費者であり生活者です。働いている人たちは、誰のために働いているかというと、本来はその生活者のために働いているわけです。誰かをハッピーにするため、誰かを笑顔にするために仕事をしているわけです。

そして、そのハッピーにする相手とは、結局のところ労働者です。つまりは「自分たちのために、自分たちが働いている」という状態です。

ほかの労働者をハッピーにするために、あなたは働いています。でもそのハッピーになるはずの労働者は、また別の労働者のためにストレスを溜めながら働いています。これ、ものすごい矛盾ですよね。要は、トータルで見るとみんな不幸な状態なのです。

もし、「せーの」でみんなが一斉に嫌な仕事を辞めたら、どれだけハッピーかと感じてしまいます。ぼくらの意識次第では、もしかしたらそれも可能かもしれません。

ぼくらはもっと自分の想いに忠実になったほうがいい。新しいやり方を身につける前に、そこに本当に向かいたいのか、人目を気にせず素直になったほうがいい。そこで「生産」できる量は、これまでよりは減るかもしれません。ですが、まったく望んでいないことをたくさんするのと、少なめでも欲しいことをするのと、どちらがいいかは聞くまでもありません。

案外、ぼくらの周りにも、すでにフロンティアに向かって進んでいる人がたくさんいます。こっちのほうが楽しいですよ。あなたもこっちに来ませんか？

2022年初秋、ハワイ島の自宅にて

木暮太一

木暮太一
1977年生まれ。慶應義塾大学経済学部を卒業後、富士フイルム、サイバーエージェント、リクルートを経て独立。学生時代から複雑な物事を言語化し、シンプルに表現することに異常な執着を持ち、大学在学中に『資本論』の解説書を自作し学内で大ヒットさせる。リアルな現場と経済学の両面から、個人が幸せに生きるための働き方を分析し提言している。
コミュニケーション、投資、個人ビジネスの立ち上げ手法を構造化・言語化し累計5万人以上に指導。また出版コンテンツへのコンサルティングも行い、延べ1000冊以上プロデュース。
著書に『人生格差はこれで決まる　働き方の損益分岐点』(講談社+α文庫)、『カイジ「勝つべくして勝つ！」働き方の話』(サンマーク文庫)など60冊超、累計180万部。趣味はハワイ。

講談社+α《プラスアルファ》新書　857-1 C
その働《はたら》き方《かた》、あと何年《なんねん》できますか？

木暮太一《こぐれたいち》 ©Taichi Kogure 2022

2022年9月20日第1刷発行

発行者――――鈴木章一
発行所――――株式会社 講談社
東京都文京区音羽2-12-21 〒112-8001
電話 編集(03)5395-3522
販売(03)5395-4415
業務(03)5395-3615

デザイン――――鈴木成一デザイン室
カバー印刷――――共同印刷株式会社
印刷――――凸版印刷株式会社
製本――――牧製本印刷株式会社

KODANSHA

定価はカバーに表示してあります。

落丁本・乱丁本は購入書店名を明記のうえ、小社業務あてにお送りください。

送料は小社負担にてお取り替えします。

なお、この本の内容についてのお問い合わせは第一事業局企画部「+α新書」あてにお願いいたします。

本書のコピー、スキャン、デジタル化等の無断複製は著作権法上での例外を除き禁じられています。本書を代行業者等の第三者に依頼してスキャンやデジタル化することは、たとえ個人や家庭内の利用でも著作権法違反です。

Printed in Japan
ISBN978-4-06-528511-4

講談社＋α新書

人の心はどこまでわかるか
河合隼雄
心の問題の第一人者が、悩み、傷つく心を通して人間のあり方を問う！　河合心理学の核心！
814円 1-1 A

父親の力　母親の力　「イエ」を出て「家」に帰る
河合隼雄
大きくゆらぐ家族関係。家族を救う力とは！誰もが直面している大問題に深層から答える！
922円 1-3 A

日本語の「大疑問」
池上彰
「週刊こどもニュース」のキャスターである著者が、「話す・読む・聞く」言葉を面白く解説!!
814円 6-1 C

大人も子どももわかるイスラム世界の「大疑問」
池上彰
社会の決まり、民族の約束事、コーランの教えなど、「宗教と人間」がわかる。地図も役立つ!!
979円 6-2 C

社会に出るあなたに伝えたい　**なぜ、読解力が必要なのか？**
池上彰
実体験による最強の読解力のつけ方。本質を見抜く力があれば、どんな環境でも生き抜ける！
946円 6-3 C

社会に出るあなたに伝えたい　**なぜ、いま思考力が必要なのか？**
池上彰
本当に頭のいい人は「自分で考える力」のある人です。思考力を磨く9つの方程式を初公開！
990円 6-4 C

60歳、ひとりを楽しむ準備　人生を大切に生きる53のヒント
岸本葉子
老後もずっと生き生きした人生のため、旅や俳句など心の杖を見つけた著者の実践的エッセイ
902円 14-2 D

「気と経絡《けいらく》」癒《いや》しの指圧法　決まった位置にあるツボなどない
遠藤喨及
世界から「奇跡の手」と称されるツボ刺激法！「気」を感じながら、誰でもできる画期的方法
924円 17-1 B

納得の間取り　日本人の知恵袋　日本人らしい生活空間とは
吉田桂二
間取りとは、家族個々の〝部屋取りパズル〟ではない！　豊かだった先人の発想を今こそ活かす
968円 50-1 D

中村天風「幸せを呼び込む」思考
神渡良平
「ありがとう。ごめんなさい。許してね。愛しています」が「人生の主人公となれる」秘訣！
964円 80-3 C

商人道「江戸しぐさ」の知恵袋
越川禮子
江戸の町で暮らす商人たちが円満に共生する技術が「江戸しぐさ」。今に役立つ繁盛の真理!!
880円 82-1 C

表示価格はすべて税込価格（税10％）です。価格は変更することがあります

講談社＋α新書

書名	著者	内容	価格	番号
起業するより会社は買いなさい サラリーマン・中小企業のためのミニM&Aのススメ	高橋　聡	定年間近な人、副業を検討中の人に「会社を買う」という選択肢を提案。小規模M&Aの魅力	924円	816-1 C
「平成日本サッカー」秘史 熱狂と歓喜はこうして生まれた	小倉純二	Jリーグ発足、W杯日韓共催——その舞台裏にもまた「負けられない戦い」に挑んだ男達がいた	1012円	817-1 C
メンタルが強い人がやめた13の習慣	エイミー・モーリン 長澤あかね 訳	一番悪い習慣が、あなたの価値を決めている！ 最強の自分になるための新しい心の鍛え方	990円	818-1 A
メンタルが強い子どもに育てる13の習慣	エイミー・モーリン 長澤あかね 訳	子どもをダメにする悪い習慣を捨てれば、〝自分を律し、前向きに考えられる子〟が育つ！	1045円	818-2 A
人間関係が楽になる 脳幹リセットワーク	藤本　靖	わりばしをくわえる、ティッシュを噛むなど、たったこれだけで芯からゆるむボディワーク	990円	819-1 B
もの忘れをこれ以上増やしたくない人が読む本 脳のゴミをためない習慣	松原英多	今一番読まれている脳活性化の本の著者が、「すぐできて続く」脳の老化予防習慣を伝授！	990円	820-1 B
全身美容外科医 道なき先にカネはある	高須克弥	「整形大国ニッポン」を逆張りといかがわしさで築き上げた男が成功哲学をすべて明かした！	968円	821-1 A
世界のスパイから喰いモノにされる日本 MI6、CIAの厳秘インテリジェンス	山田敏弘	世界100人のスパイに取材した著者だから書ける日本を襲うサイバー嫌がらせの恐るべき脅威！	968円	822-1 C
空気を読む脳	中野信子	日本人の「空気」を読む力を脳科学から読み解く。職場や学校での生きづらさが「強み」になる	946円	823-1 C
生贄探し 暴走する脳	中野信子 ヤマザキマリ	「世間の目」が恐ろしいのはなぜか。知っておきたい日本人の脳の特性と多様性のある生き方	968円	823-2 C
ソフトバンク崩壊の恐怖と農中・ゆうちょに迫る金融危機	黒川敦彦	巨大投資会社となったソフトバンク、農家の預金等108兆を運用する農中が抱える爆弾とは	924円	824-1 C

表示価格はすべて税込価格（税10%）です。価格は変更することがあります

講談社＋α新書

ソフトバンク「巨額赤字の結末」とメガバンク危機　黒川敦彦　コロナ危機でますます膨張する金融資本。崩壊のXデーはいつか。人気YouTuberが読み解く。　924円 824-2 C

次世代半導体素材GaNの挑戦 22世紀の世界を先導する日本の科学技術　天野浩　ノーベル賞から6年――日本発、21世紀最大の産業が出現する!! 産学共同で目指す日本復活　968円 825-1 C

会計が驚くほどわかる魔法の10フレーズ　前田順一郎　この10フレーズを覚えるだけで会計がわかる！「超一流」がこっそり教える最短距離の勉強法　990円 826-1 C

ESG思考 激変資本主義1990―2020、経営者も投資家もここまで変わった　夫馬賢治　世界のマネー3000兆円はなぜ本気で温暖化対策に動き出したのか？ 話題のESG入門　968円 827-1 C

超入門カーボンニュートラル　夫馬賢治　カーボンニュートラルから新たな資本主義が誕生する。第一人者による脱炭素社会の基礎知識　946円 827-2 C

内向型人間が無理せず幸せになる唯一の方法　スーザン・ケイン 古草秀子 訳　成功する人は外向型という常識を覆した全米ミリオンセラー。孤独を愛する人に女神は微笑む　990円 828-1 A

トヨタ チーフエンジニアの仕事　北川尚人　GAFAも手本にするトヨタの製品開発システム。その司令塔の仕事と資質を明らかにする　968円 829-1 C

ダークサイド投資術 元経済ヤクザが明かす「アフター・コロナ」を生き抜く黒いマネーの流儀　猫組長(菅原潮)　恐慌と戦争の暗黒時代にも揺るがない「王道の投資」を、元経済ヤクザが緊急指南！　968円 830-1 C

カルト化するマネーの新世界 元経済ヤクザが明かす「黒い経済」のニューノーマル　猫組長(菅原潮)　投資の常識が大崩壊した新型コロナ時代に、元経済ヤクザが放つ「本物の資産形成入門」　968円 830-2 C

シリコンバレーの金儲け　海部美知　「ソフトウェアが世界を食べる」時代の金儲けの法則を、中心地のシリコンバレーから学ぶ　968円 831-1 C

認知症の人が「さっきも言ったでしょ」と言われて怒る理由 5000人を診てわかったほんとうの話　木之下徹　認知症一〇〇〇万人時代。「認知症＝絶望」ではない。「よりよく」生きるための第一歩　968円 832-1 B

表示価格はすべて税込価格（税10%）です。価格は変更することがあります

講談社+α新書

自壊するメディア	望月衣塑子 五百旗頭幸男	メディアはだれのために取材、報道しているのか。全国民が不信の目を向けるマスコミの真実	968円	844-1 C
認知症の私から見える社会	丹野智文	認知症になっても「何もできなくなる」わけではない！　当事者達の本音から見えるリアル	880円	845-1 C
岸田ビジョン　分断から協調へ	岸田文雄	全てはここから始まった！　第百代総理がその政策と半生をまとめた初の著書。全国民必読	946円	846-1 C
「定年」からでも間に合う老後の資産運用	風呂内亜矢	自分流「ライフプランニングシート」でそこそこ働きそこそこ楽しむ幸せな老後を手に入れる	946円	847-1 C
超入門　デジタルセキュリティ	中谷昇	6G、そして米中デジタル戦争下の経済安全保障において私たちが知るべきリスクとは？	990円	848-1 C
60歳からのマンション学	日下部理絵	マンションは安心できる「終の棲家」になるのか？「負動産」で泣かないための知恵満載	990円	849-1 C
2050　日本再生への25のTODOリスト	小黒一正	人口減少、貧困化、低成長の現実を打破するために国家がやるべきたったこれだけの改革！	1100円	850-1 C
民族と文明で読み解く大アジア史	宇山卓栄	国際情勢を深層から動かしてきた「民族」と「文明」、その歴史からどんな未来が予測可能か？	1320円	851-1 C
世界の賢人12人が見た　ウクライナの未来　プーチンの運命	クーリエ・ジャポン編	ハラリ、ピケティ、ソロスなど賢人12人が、戦争の行方とその後の世界を多角的に分析する	990円	852-1 C
「正しい戦争」は本当にあるのか	藤原帰一	核兵器の使用までちらつかせる独裁者に世界はどう対処するのか。当代随一の知性が読み解く	990円	853-1 C
絶対悲観主義	楠木建	巷に溢れる、成功の呪縛から自由になる。フツーの人のための、厳しいようで緩い仕事の哲学	990円	854-1 C

表示価格はすべて税込価格（税10％）です。価格は変更することがあります

講談社＋α新書

人間ってなんだ 鴻上尚史
「人とつきあうのが仕事」の演出家が、現場で格闘しながらずっと考えてきた「人間」のあれこれ
968円 855-1 C

人生ってなんだ 鴻上尚史
たくさんの人生を見て、修羅場を知る演出家が考えた。人生は、割り切れないからおもしろい
968円 855-2 C

世間ってなんだ 鴻上尚史
中途半端に壊れ続ける世間の中で、私たちはどう生きるのか？ ヒントが見つかる39の物語
990円 855-3 C

奇跡の小売り王国「北海道企業」はなぜ強いのか 浜中淳
ニトリ、ツルハ、DCMホーマックなど、北海道企業が各業界のトップに躍進した理由を明かす
1320円 856-1 C

その働き方、あと何年できますか？ 木暮太一
ゴールを失った時代に、お金、スキル、自己実現を手にするための働き方の新ルールを提案
968円 857-1 C

2002年、「奇跡の名車」フェアレディZはこうして復活した 湯川伸次郎
かつて日産の「V字回復」を牽引した男がフェアレディZの劇的な復活劇をはじめて語る！
990円 859-1 C

表示価格はすべて税込価格（税10％）です。価格は変更することがあります